어휘력·문해력·표현력을 키워 주는

고사성어·속담

양재홍 엮음 이우정 그림

지경사

들어가며

삶의 지혜가 담긴 고사성어와 속담

 어린 시절, 동네 친구들과 틈만 나면 전쟁놀이를 즐기던 때가 있었어요. 우리는 집 안 곳곳을 뒤져 전쟁에 나갈 준비를 했어요. 머리에는 찌그러진 양은냄비를 뒤집어쓰고, 한 손에 지게 작대기를 들면 전쟁 준비는 끝이 났지요. 산 아래에 모여든 동네 친구들의 모습은 참 볼 만했어요. 삼촌이나 형이 입던 군복이나 낡은 군화를 끌고 와서 터벅거리는 녀석부터 주먹 하나면 적군을 모두 때려눕힐 자신이 있다며 호기를 부리는 녀석까지 보기만 해도 피식피식 웃음이 터져 나올 정도였지요.
 우리가 한껏 심각한 얼굴로 머리를 맞대고 편을 가르거나 작전을 짜고 있을 때였어요. 지나가던 어른들이 약속이나 한 것처럼 "오합지졸이 따로 없구나." 하시며 웃고는 하셨어요. '오합지졸'이 무슨 뜻인지도 모르는 우리는 군사로 인정을 받았다고 여기며 마냥 신이 났지요. 훗날 '오합지졸(오합지중)'이 '까마귀 떼처럼 질서와 규율이 없이 무질서하게 모여든 병졸'이란 뜻의 '고사성어'라는 것을 알고 손뼉을 쳤어요. 짧은 단어 하나로

　많은 의미를 담아서 명쾌하게 표현해 낼 수 있다는 게 너무도 놀라웠기 때문이지요.
　고사성어란 옛이야기에서 유래하여 비유적인 내용을 담은 한자말로, 주로 중국의 고사에서 유래했어요. 하지만 우리가 흔히 쓰는 속담이나 일상적인 이야기에서 비롯된 것들도 있답니다.
　또한 속담은 옛날부터 내려오는 민간 속의 격언으로, 삶의 지혜와 용기, 바른 마음을 심어 주는 짧은 교훈의 글이지요.
　이 책을 통해 옛 사람들의 지혜를 살펴보고, 어휘력도 부쩍 늘기를 바랍니다. 어휘력이 늘면 문해력과 표현력도 오르지요.
　자, 그럼 이제부터 갖가지 재미와 감동, 지혜가 골고루 담겨 있는 고사성어와 속담을 만나 볼까요?

엮은이 양재홍

차례

고사성어

ㄱ으로 시작하는 고사성어

가인박명 佳人薄命 · 16
가정맹어호 苛政猛於虎 · 17
각주구검 刻舟求劍 · 18
간담상조 肝膽相照 · 19
개과천선 改過遷善 · 20
견마지로 犬馬之勞 · 21
결초보은 結草報恩 · 22
경국지색 傾國之色 · 23
계륵 鷄肋 · 24
고육지계 苦肉之計 · 25
고진감래 苦盡甘來 · 26
곡학아세 曲學阿世 · 27
관포지교 管鮑之交 · 28
괄목상대 刮目相對 · 29
구사일생 九死一生 · 30
구우일모 九牛一毛 · 31
군계일학 群鷄一鶴 · 32
군맹무상 群盲撫象 · 33
권토중래 捲土重來 · 34
금상첨화 錦上添花 · 35
기우 杞憂 · 36
기호지세 騎虎之勢 · 37

ㄴ으로 시작하는 고사성어

난의포식 暖衣飽食 · 38
난형난제 難兄難弟 · 39
남가일몽 南柯一夢 · 40
남귤북지 南橘北枳 · 41
낭중지추 囊中之錐 · 42
내우외환 內憂外患 · 43
노마지지 老馬之智 · 44
누란지위 累卵之危 · 45

ㄷ으로 시작하는 고사성어

다다익선 多多益善 · 46
단사표음 簞食瓢飮 · 47
당랑거철 螳螂拒轍 · 48
대기만성 大器晚成 · 49
동병상련 同病相憐 · 50
동상이몽 同床異夢 · 51
두문불출 杜門不出 · 52
등용문 登龍門 · 53

ㅁ으로 시작하는 고사성어

마이동풍 馬耳東風 · 54
막역지우 莫逆之友 · 55
망운지정 望雲之情 · 56
맹모단기 孟母斷機 · 57

맹모삼천 孟母三遷 · 58
명경지수 明鏡止水 · 59
모순 矛盾 · 60
목불식정 目不識丁 · 61

문일지십 聞一知十 · 62
문전성시 門前成市 · 63
미봉책 彌縫策 · 64
미생지신 尾生之信 · 65

ㅂ으로 시작하는 고사성어

반포지효 反哺之孝 · 66
발본색원 拔本塞源 · 67
배수진 背水陣 · 68
배은망덕 背恩忘德 · 69

백년하청 百年河清 · 70
백문불여일견 百聞不如一見 · 71
백미 白眉 · 72
백발백중 百發百中 · 73

백아절현 伯牙絶絃 · 74
부화뇌동 附和雷同 · 75

ㅅ으로 시작하는 고사성어

사면초가 四面楚歌 · 76
사이비 似而非 · 77
사족 蛇足 · 78
삼고초려 三顧草廬 · 79

삼인성호 三人成虎 · 80
상전벽해 桑田碧海 · 81
새옹지마 塞翁之馬 · 82
소탐대실 小貪大失 · 83

수구초심 首丘初心 · 84
수어지교 水魚之交 · 85
순망치한 脣亡齒寒 · 86
시시비비 是是非非 · 87

ㅇ으로 시작하는 고사성어

아전인수我田引水·88
안하무인眼下無人·89
양상군자梁上君子·90
양약고구良藥苦口·91
어부지리漁父之利·92
연목구어緣木求魚·93
오리무중五里霧中·94
오비이락烏飛梨落·95

오십보백보五十步百步·96
오월동주吳越同舟·97
오합지중烏合之衆·98
온고지신溫故知新·99
와신상담臥薪嘗膽·100
외유내강外柔內剛·101
용두사미龍頭蛇尾·102
용호상박龍虎相搏·103

우공이산愚公移山·104
우도할계牛刀割鷄·105
우이독경牛耳讀經·106
위편삼절韋編三絕·107
유비무환有備無患·108
유유상종類類相從·109
이하부정관李下不整冠·110
일거양득一擧兩得·111

ㅈ으로 시작하는 고사성어

자승자박自繩自縛·112
자포자기自暴自棄·113
적반하장賊反荷杖·114
전화위복轉禍爲福·115
절차탁마切磋琢磨·116

정중지와井中之蛙·117
조강지처糟糠之妻·118
조령모개朝令暮改·119
조삼모사朝三暮四·120
주경야독晝耕夜讀·121

주마가편走馬加鞭·122
죽마고우竹馬故友·123
지록위마指鹿爲馬·124
지피지기知彼知己·125

ㅊ으로 시작하는 고사성어

천재일우千載一遇·126

초미지급焦眉之急·127

ㅌ으로 시작하는 고사성어

타산지석 他山之石 · 128 토사구팽 兔死狗烹 · 129

ㅍ으로 시작하는 고사성어

파죽지세 破竹之勢 · 130 풍전등화 風前燈火 · 131

ㅎ으로 시작하는 고사성어

함흥차사 咸興差使 · 132 호구지책 糊口之策 · 135 화룡점정 畫龍點睛 · 138
형설지공 螢雪之功 · 133 호사다마 好事多魔 · 136 화중지병 畫中之餅 · 139
호가호위 狐假虎威 · 134 호접지몽 胡蝶之夢 · 137

속담

ㄱ으로 시작하는 속담

가는 날이 장날 ·142
가는 말이 고와야 오는 말이 곱다 ·142
가는 방망이 오는 홍두깨 ·142
가는 토끼 잡으려다 잡은 토끼 놓친다 ·142
가랑잎이 솔잎더러 바스락거린다고 한다 ·143
가루는 칠수록 고와지고 말은 할수록 거칠어진다 ·143
가물에 콩 나듯 ·143
가재는 게 편 ·143
가지 많은 나무에 바람 잘 날이 없다 ·144
간에 붙었다 쓸개에 붙었다 한다 ·144
간이라도 빼어 먹이겠다 ·144
갈수록 태산 ·144
감나무 밑에 누워서 홍시 떨어지기를 기다린다 ·145
값도 모르고 싸다 한다 ·145
같은 값이면 다홍치마 ·145
같은 말도 툭 해서 다르고 탁 해서 다르다 ·145
개같이 벌어서 정승같이 산다 ·146
개구리 올챙이 적 생각 못 한다 ·146
개구리 움츠리는 뜻은 멀리 뛰자는 뜻이다 ·146

개도 주인을 알아본다 ·146
개똥도 약에 쓰려면 없다 ·147
개미 구멍으로 공든 탑 무너진다 ·147
개 발에 편자 ·147
개밥에 도토리 ·147
개천에서 용 난다 ·148
걷기도 전에 뛰려고 한다 ·148
겉 다르고 속 다르다 ·148
고기도 저 놀던 물이 좋다 ·148
고래 싸움에 새우 등 터진다 ·149
고생 끝에 낙이 온다 ·149
고생을 사서 한다 ·149
고슴도치도 제 새끼는 제일 곱다고 한다 ·149
고양이는 발톱을 감춘다 ·150
고양이 목에 방울 달기 ·150
고양이 세수하듯 ·150
고양이한테 생선을 맡기다 ·150
고운 정 미운 정 ·151
곪으면 터지는 법 ·151
공든 탑이 무너지랴 ·151
구관이 명관이다 ·151
구더기 무서워 장 못 담글까 ·152
구렁이 담 넘어가듯 ·152
구멍은 깎을수록 커진다 ·152
구슬이 서 말이라도 꿰어야 보배 ·152
굴러온 돌이 박힌 돌 뺀다 ·153

굼벵이 구르는 재주 있다 ·153
굿이나 보고 떡이나 먹지 ·153
궁지에 빠진 쥐가 고양이를 문다 ·153
궁하면 통한다 ·154
귀신 씻나락 까먹는 소리 ·154
귀신이 곡할 노릇 ·154
귀에 걸면 귀걸이 코에 걸면 코걸이 ·154
그 나물에 그 밥 ·155
긁어 부스럼 ·155
금강산도 식후경 ·155
금이야 옥이야 ·155
급하면 바늘허리에 실 매어 쓸까 ·156
급히 먹는 밥이 목이 멘다 ·156
길고 짧은 것은 대어 보아야 안다 ·156
까마귀 고기를 먹었나 ·156
까마귀 날자 배 떨어진다 ·157
꼬리가 길면 밟힌다 ·157
꾸어다 놓은 보릿자루 ·157
꿀도 약이라면 쓰다 ·157
꿀 먹은 벙어리 ·158
꿈보다 해몽이 좋다 ·158
꿩 대신 닭 ·158
꿩 먹고 알 먹는다 ·158

ㄴ 으로 시작하는 속담

나는 바담 풍(風) 해도 너는 바람 풍 해라 ·159
나는 새도 떨어뜨린다 ·159
나 먹기는 싫어도 남 주기는 아깝다 ·159
나무를 보고 숲을 보지 못한다 ·159
나무에 오르라 하고 흔드는 격 ·160
나쁜 일은 천 리 밖에 난다 ·160
낙숫물이 댓돌을 뚫는다 ·160
날 잡아 잡수 한다 ·160
남의 말이라면 쌍지팡이 짚고 나선다 ·161
남의 밥에 든 콩이 굵어 보인다 ·161
남의 잔치에 감 놓아라 배 놓아라 한다 ·161
남의 흉이 한 가지면 제 흉은 열 가지 ·161
낫 놓고 기역 자도 모른다 ·162
낮말은 새가 듣고 밤말은 쥐가 듣는다 ·162
내 돈 서 푼은 알고 남의 돈 칠 푼은 모른다 ·162
내 얼굴에 침 뱉기 ·162
내 코가 석 자 ·163
냉수 먹고 이 쑤시기 ·163
놓친 고기가 더 커 보인다 ·163
누울 자리 봐 가며 발을 뻗어라 ·163
누워서 떡 먹기 ·164
누이 좋고 매부 좋다 ·164
눈 가리고 아웅 ·164
늦게 배운 도둑이 날 새는 줄 모른다 ·164

ㄷ으로 시작하는 속담

다 가도 문턱 못 넘기 ·165
다 된 죽에 코 풀기 ·165
다람쥐 쳇바퀴 돌 듯 ·165
단단한 땅에 물이 괸다 ·165
달걀로 바위 치기 ·166
달도 차면 기운다 ·166
달리는 말에 채찍질 ·166
달면 삼키고 쓰면 뱉는다 ·166
닭 소 보듯, 소 닭 보듯 ·167
닭 잡아먹고 오리 발 내놓기 ·167
닭 쫓던 개 지붕 쳐다보듯 ·167
담벼락하고 말하는 셈이다 ·167
대장의 집에 식칼이 논다 ·168
더운죽에 혀 데기 ·168
도둑을 맞으려면 개도 안 짖는다 ·168
도둑이 제 발 저리다 ·168
도랑 치고 가재 잡는다 ·169
도토리 키 재기 ·169
돌다리도 두들겨 보고 건너라 ·169
돌을 차면 발부리만 아프다 ·169
동에 번쩍 서에 번쩍 ·170
돼지에 진주 목걸이 ·170
되로 주고 말로 받는다 ·170
될성부른 나무는 떡잎부터 알아본다 ·170
두 손뼉이 맞아야 소리가 난다 ·171
둘이 먹다 하나 죽어도 모르겠다 ·171
드는 정은 몰라도 나는 정은 안다 ·171
드문드문 걸어도 황소걸음 ·171

듣기 좋은 꽃노래도 한두 번이지 ·172
들어오는 복도 차 던진다 ·172
등잔 밑이 어둡다 ·172
땅에서 솟았나 하늘에서 떨어졌나 ·172
땅 짚고 헤엄치기 ·173
떡 본 김에 제사 지낸다 ·173
떡 줄 사람은 꿈도 안 꾸는데 김칫국부터 마신다 ·173
똥 묻은 개가 겨 묻은 개 나무란다 ·173
똥이 무서워 피하나 더러워 피하지 ·174
뛰는 놈 위에 나는 놈 있다 ·174
뛰어야 벼룩 ·174

ㅁ으로 시작하는 속담

마른하늘에 날벼락 ·175
마파람에 게 눈 감추듯 ·175
말 안 하면 귀신도 모른다 ·175
말이 씨가 된다 ·175
말 타면 경마 잡히고 싶다 ·176
말 한 마디에 천 냥 빚도 갚는다 ·176
망둥이가 뛰니까 꼴뚜기도 뛴다 ·176
매도 먼저 맞는 놈이 낫다 ·176
먹기는 아귀같이 먹고 일은 장승같이 한다 ·177
먹을 가까이하면 검어진다 ·177
메뚜기도 유월이 한철이다 ·177
모르면 약이요 아는 게 병 ·177

목구멍이 포도청 ·178
목마른 놈이 우물 판다 ·178
못된 송아지 엉덩이에 뿔이 난다 ·178
못 먹는 감 찔러나 본다 ·178
무소식이 희소식 ·179
무쇠도 갈면 바늘 된다 ·179
무자식 상팔자 ·179
물 밖에 난 고기 ·179
물에 빠지면 지푸라기라도 잡는다 ·180
물에 빠진 놈 건져 놓으니까 내 봇짐 내라 한다 ·180
물은 건너 보아야 알고 사람은 지내 보아야 안다 ·180
미꾸라지 한 마리가 온 웅덩이를 흐려 놓는다 ·180
미운 아이 떡 하나 더 준다 ·181
믿는 도끼에 발등 찍힌다 ·181
밑 빠진 독에 물 붓기 ·181
밑져야 본전 ·181

ㅂ으로 시작하는 속담

바늘 가는 데 실 간다 ·182
바늘구멍으로 하늘 보기 ·182
바늘구멍으로 황소바람 들어온다 ·182
바늘 도둑이 소도둑 된다 ·182
바늘로 찔러도 피 한 방울 안 난다 ·183
바다는 메워도 사람의 욕심은 못 채운다 ·183

바람 부는 대로 물결 치는 대로 ·183
바람 앞의 등불 ·183
받아 놓은 밥상 ·184
발가락의 티눈만큼도 안 여긴다 ·184
발 없는 말이 천 리 간다 ·184
방귀 뀐 놈이 성낸다 ·184
배보다 배꼽이 더 크다 ·185
백 번 듣는 것이 한 번 보는 것만 못하다 ·185
백지장도 맞들면 낫다 ·185
뱁새가 황새를 따라가면 다리가 찢어진다 ·185
번개가 잦으면 천둥을 한다 ·186
번갯불에 콩 볶아 먹겠다 ·186
벙어리 냉가슴 앓듯 ·186
벼룩도 낯짝이 있다 ·186
벼 이삭은 익을수록 고개를 숙인다 ·187
병 주고 약 준다 ·187
보기 좋은 떡이 먹기도 좋다 ·187
부뚜막의 소금도 집어넣어야 짜다 ·187
불난 집에 부채질한다 ·188
비단옷 입고 밤길 가기 ·188
비를 드니까 마당을 쓸라 한다 ·188
비 온 뒤에 땅이 굳어진다 ·188
빈 수레가 요란하다 ·189
빛 좋은 개살구 ·189
뿌리 깊은 나무 가뭄 안 탄다 ·189

ㅅ으로 시작하는 속담

사공이 많으면 배가 산으로 간다 ·190
사람 나고 돈 났지 돈 나고 사람 났나 ·190
사람 위에 사람 없고 사람 밑에 사람 없다 ·190
사촌이 땅을 사면 배가 아프다 ·190
산에 가야 범을 잡지 ·191
산 입에 거미줄 치랴 ·191
새 발의 피 ·191
서당 개 삼 년에 풍월을 한다 ·191
선무당이 사람 잡는다 ·192
설마가 사람 잡는다 ·192
섶을 지고 불로 들어가려 한다 ·192
세 살 적 버릇이 여든까지 간다 ·192
세월은 사람을 기다려 주지 않는다 ·193
세월이 약 ·193
소 뒷걸음질치다 쥐 잡기 ·193
소문난 잔치에 먹을 것 없다 ·193
소 잃고 외양간 고친다 ·194
쇠귀에 경 읽기 ·194
쇠뿔도 단 김에 빼랬다 ·194
수박 겉 핥기 ·194
술에 술 탄 듯 물에 물 탄 듯 ·195
시작이 반이다 ·195
시장이 반찬 ·195
신선놀음에 도낏자루 썩는 줄 모른다 ·195
십 년이면 강산도 변한다 ·196
싼 것이 비지떡 ·196
쌀은 쏟고 주워도 말은 하고 못 줍는다 ·196
썩어도 준치 ·196
쓰다 달다 말이 없다 ·197
쓴맛 단맛 다 보았다 ·197
쓴 배(개살구)도 맛 들일 탓 ·197
쓴 약이 더 좋다 ·197

ㅇ으로 시작하는 속담

아니 땐 굴뚝에 연기 날까 ·198
아닌 밤중에 홍두깨 ·198
아랫돌 빼서 윗돌 괴고 윗돌 빼서 아랫돌 괴기 ·198
아이 보는 데는 찬물도 못 마신다 ·198
아이 싸움이 어른 싸움 된다 ·199
앉아 주고 서서 받는다 ·199
앓던 이 빠진 것 같다 ·199
약방에 감초 ·199
얌전한 고양이 부뚜막에 먼저 올라간다 ·200
어느 장단에 춤추랴 ·200
어르고 뺨 치기 ·200
어른 말을 들으면 자다가도 떡이 생긴다 ·200
어물전 망신은 꼴뚜기가 시킨다 ·201
언 발에 오줌 누기 ·201
엎드려 절 받기 ·201
엎어지면 코 닿을 데 ·201
열 길 물속은 알아도 한 길 사람의 속은 모른다 ·202
열 번 찍어 아니 넘어가는 나무 없다 ·202
열 손가락 깨물어 안 아픈 손가락이 없다 ·202

염불에는 맘이 없고 잿밥에만 맘이 있다 ·202
옛말 그른 데 없다 ·203
오르지 못할 나무는 쳐다보지도 마라 ·203
오 리를 보고 십 리를 간다 ·203
옥에도 티가 있다 ·203
우는 아이 젖 준다 ·204
우물 안 개구리 ·204
우물에 가 숭늉 찾는다 ·204
우물을 파도 한 우물을 파라 ·204
울며 겨자 먹기 ·205
원님 덕에 나팔 분다 ·205
원수는 외나무다리에서 만난다 ·205
원숭이도 나무에서 떨어진다 ·205
윗물이 맑아야 아랫물이 맑다 ·206
입술에 침이나 바르지 ·206
입술이 없으면 이가 시리다 ·206
입이 열 개라도 할 말이 없다 ·206

재주는 곰이 넘고 돈은 되놈(주인)이 받는다 ·209
접시 물에 빠져 죽지 ·209
제 꾀에 (제가) 넘어간다 ·209
종로에서 뺨 맞고 한강에서 눈 흘긴다 ·209
주는 떡도 못 받아 먹는다 ·210
주머니 털어 먼지 안 나오는 사람 없다 ·210
주머닛돈이 쌈짓돈 ·210
죽 쑤어 개 좋은 일 하였다 ·210
중이 제 머리를 못 깎는다 ·211
쥐구멍에도 볕 들 날 있다 ·211
지는 게 이기는 거다 ·211
지렁이도 밟으면 꿈틀한다 ·211
지성이면 감천 ·212
집 떠나면 고생이다 ·212
집에서 새는 바가지는 들에 가도 샌다 ·212
짚신도 제짝이 있다 ·212

ㅈ으로 시작하는 속담

자는 벌집 건드린다 ·207
자다가 봉창 두드린다 ·207
자라 보고 놀란 가슴 솥뚜껑 보고 놀란다 ·207
자빠져도 코가 깨진다 ·207
작은 고추가 더 맵다 ·208
잘 나가다 삼천포로 빠진다 ·208
잘 되면 제 탓(복) 못 되면 조상(남) 탓 ·208
장미꽃에는 가시가 있다 ·208

ㅊ으로 시작하는 속담

찬물도 위아래가 있다 ·213
참새가 방앗간을 그저 지나랴 ·213
참을 인(忍) 자 셋이면 살인도 피한다 ·213
천 리 길도 한 걸음부터 ·213
첫술에 배부르랴 ·214
초가삼간 다 타도 빈대 죽는 것만 시원하다 ·214
친구 따라 강남 간다 ·214

ㅋ으로 시작하는 속담

칼로 물 베기 ·215
콩 심은 데 콩 나고 팥 심은 데 팥 난다 ·215
콩으로 메주를 쑨다 해도 곧이듣지 않는다 ·215
콩이야 팥이야 한다 ·215

ㅌ으로 시작하는 속담

타고난 재주 사람마다 하나씩은 있다 ·216
털도 안 뜯고 먹겠다 한다 ·216
티끌 모아 태산 ·216

ㅍ으로 시작하는 속담

팔십 노인도 세 살 먹은 아이한테 배울 것이 있다 ·217
팔이 안으로 굽지 밖으로 굽나 ·217
팥으로 메주를 쑨대도 곧이듣는다 ·217
평안 감사도 저 싫으면 그만이다 ·217
품 안의 자식 ·218
피는 물보다 진하다 ·218
핑계 없는 무덤이 없다 ·218

ㅎ으로 시작하는 속담

하나를 보고 열을 안다 ·219
하나만 알고 둘은 모른다 ·219
하늘 보고 손가락질한다 ·219
하늘은 스스로 돕는 자를 돕는다 ·219
하늘의 별 따기 ·220
하늘이 무너져도 솟아날 구멍이 있다 ·220
하룻강아지 범 무서운 줄 모른다 ·220
한 귀로 듣고 한 귀로 흘린다 ·220
한 말 했다가 본전도 못 찾는다 ·221
호랑이도 제 말 하면 온다 ·221
호랑이 없는 골에 토끼가 왕 노릇 한다 ·221
호랑이에게 물려 가도 정신만 차리면 산다 ·221
호랑이 잡고 볼기 맞는다 ·222
호미로 막을 것을 가래로 막는다 ·222
호박에 말뚝 박기 ·222
호박이 넝쿨째로 굴러떨어졌다 ·222
혹 떼러 갔다 혹 붙여 온다 ·223
흐르는 물은 썩지 않는다 ·223
흰 것은 종이요 검은 것은 글씨라 ·223

재미있는 이야기로 배우는

고사성어

가인박명 佳人薄命

- **한자**: 佳 아름다울 가 | 人 사람 인 | 薄 엷을 박 | 命 목숨 명
- **출전**: 소식의 시
- **뜻풀이**: 미인은 불행하거나 몸이 약해 젊은 나이에 죽는 경우가 많다는 뜻.

유래

중국 북송에 소식이라는 유명한 시인이 있었어요.

어느 날, 소식은 절에 갔다가 젊고 아름다운 여자 승려를 보았어요. 그러고는 여자 승려의 어린 시절을 생각하며 다음과 같은 시 한 편을 지었어요.

自古佳人多薄命 (자고가인다박명) 하니
예로부터 아름다운 사람의 운명은 순탄치 않다더니

閉門春盡楊花落 (폐문춘진양화락) 이라.
문 닫으니 봄은 다하고 버들꽃 떨어지는구나.

비슷한 고사성어

미인박명(美人薄命)
미인은 불행하거나 몸이 약해서 일찍 죽는 일이 많다는 뜻.

가정맹어호 苛政猛於虎

- **한자** | 苛 가혹할 가 | 政 정사 정 | 猛 사나울 맹 | 於 어조사 어 | 虎 범(호랑이) 호
- **출전** <예기>의 단궁 편
- **뜻풀이** 가혹한 정치는 호랑이보다 더 무섭다는 뜻.

유래

어느 날, 공자가 제자들과 산길을 걸어가는데 울부짖는 소리가 들려왔어요. 놀란 공자는 제자에게 무슨 일인지 알아보라고 했어요.

잠시 후 돌아온 제자가 젊은 여인이 무덤 앞에서 통곡하고 있다고 전했어요.

"어찌 이 깊은 산속에서 슬피 우십니까?"

공자가 다가가 묻자 여인이 대답했어요.

"시아버지, 남편, 아들까지 이 골짜기 호랑이에게 잡아먹혔습니다."

"그런데 왜 이 위험한 곳을 떠나시지 않습니까?"

"이곳에는 세금을 심하게 걷거나 재물을 빼앗는 벼슬아치들이 없기 때문이지요."

여인의 대답에 공자는 한숨을 쉬며 제자들에게 말했어요.

"기억하거라. 가혹한 정치는 호랑이보다 무서운 법이니라."

비슷한 고사성어
가렴주구(苛斂誅求)
세금을 가혹하게 거두거나 재물을 억지로 빼앗는다는 뜻.

각주구검 刻舟求劍

- **한자**: 刻 새길 각 | 舟 배 주 | 求 구할 구 | 劍 칼 검
- **출전**: <여씨 춘추>의 찰금 편
- **뜻풀이**: 사람이 어리석고 미련해 융통성이 없음을 말함.

유래

중국 초나라의 한 사람이 배를 타고 강을 건너고 있었어요.

그런데 실수로 그만 소중하게 여기던 칼을 강물에 빠뜨리고 말았어요. 그러자 그는 얼른 뱃전(배의 양쪽 가장자리 부분)에다 표시를 했어요.

"내가 표시한 이곳이 칼을 떨어뜨린 자리야."

배가 강기슭에 닿자마자 그는 표시해 놓은 뱃전에서 물속으로 뛰어들어 칼을 찾았어요.

하지만 배가 이미 칼이 떨어진 자리에서 멀리 지나왔으니 칼이 있을 리 없지요.

간담상조 肝膽相照

- **한자** 肝 간 간 | 膽 쓸개 담 | 相 서로 상 | 照 비출 조
- **출전** 한유의 <유자후묘지명>
- **뜻풀이** 간과 쓸개를 서로 내보일 만큼 속을 다 터놓고 친하게 지내는 사이.

유래

당나라의 유종원이 반대 세력의 미움을 사서 유주 자사로 쫓겨 갔을 때의 일이에요. 마침 그의 친구 유우석도 파주 자사로 발령을 받았어요. 소식을 들은 유종원은 친구의 사정을 생각하며 탄식했어요.

"파주는 국경 지역이라 몹시 위험한 곳인데, 몸이 약한 우석이 어찌 견뎌 낼지……. 늙으신 어머니까지 모시고 있으니 참으로 안타깝구나. 그렇다고 나라의 명을 거스를 수도 없으니 내가 조정에 간청해 대신 파주로 가야겠어."

친구를 생각하는 유종원의 마음은 지극했어요. 유종원이 죽은 후 그의 참다운 우정을 높이 평가한 한유는 글을 남겼어요.

"진정한 절개와 의리는 어려움에 빠졌을 때 비로소 드러나는 법이다. 간과 쓸개를 드러내 보일 만큼 마음을 터놓고 지내도 이해관계에 얽히면 자신의 이익을 챙기느라 서로 헐뜯는 일이 세상에 얼마나 많은가!"

개과천선 改過遷善

- **한자** 改 고칠 개 | 過 허물 과 | 遷 옮길 천 | 善 착할 선
- **출전** <진서>의 본전, 조거정의 <신수춘신군묘기>
- **뜻풀이** 지난날의 허물을 뉘우치고 착한 사람이 됨.

유래

　진나라 양흠 지방에 주처라는 사람이 있었어요. 그는 아버지가 돌아가시자 몹시 포악해졌어요. 그러다 보니 동네 사람들은 그와 마주치는 것조차 꺼렸지요.
　그러던 어느 날, 주처가 정색을 하고 사람들에게 물었어요.
"지금은 온 세상이 태평해서 모두 잘 먹고 잘 사는데 어찌하여 나만 보면 얼굴을 찡그리는 것이오?"
　그러자 한 사람이 용감하게 대답했어요.
"그대는 남산에 있는 호랑이와 장교 아래에 있는 교룡과 더불어 우리 마을의 세 가지 해악으로 손꼽히는 사람인데, 어찌 그대를 보면 얼굴이 찡그러지지 않겠소?"
　이 말에 주처는 그 동안의 잘못을 크게 뉘우치고 새 사람이 되겠다고 결심했어요. 그 후 10여 년간 학문에 힘써 큰 학자가 되었지요.

견마지로 犬馬之勞

- **한자**: 犬 개 견 | 馬 말 마 | 之 갈 지 | 勞 수고로울 로
- **출전**: <사기>의 소상국세가
- **뜻풀이**: '개와 말 정도의 하찮은 수고'라는 뜻으로, 임금이나 나라에 충성을 다하는 자신의 노력을 낮추어 말할 때 쓰는 말.

유래

한나라의 고조(초대 황제) 유방은 항우를 물리치고 천하를 통일한 뒤 책사이자 친구인 소하의 공을 가장 높이 평가해 높은 벼슬을 내렸어요. 그러자 다른 신하들이 불평을 늘어놓았어요.

"신들은 위험한 전쟁터에 나가서 수십, 수백 번씩 싸웠습니다. 하지만 소하는 한 번도 전쟁터에 나가서 싸우며 견마와 같은 수고를 한 적이 없습니다. 그런데 어찌하여 그런 자에게 높은 벼슬을 내리십니까?"

그러자 고조가 빙긋이 웃으며 말했어요.

"사냥에서 토끼를 쫓아가 잡는 것은 사냥개지만 그 개를 부리는 것은 사람이다. 그대들의 공은 짐승을 잡는 사냥개와 같으나 소하의 공은 사냥개를 부리는 사람과 같다."

이 말에 공신들은 더 이상 불평하지 않고 조용히 물러났답니다.

결초보은 結草報恩

- **한자**: 結 맺을 결 | 草 풀 초 | 報 갚을 보 | 恩 은혜 은
- **출전**: <춘추좌씨전>의 선공 15년
- **뜻풀이**: 남에게 입은 은혜를 죽어서까지도 잊지 않고 갚음.

유래

춘추 시대, 진나라 위무가 큰 병이 들자 아들 위과를 불러 말했어요.
"내가 죽거든 첩이 새 남편을 찾아갈 수 있게 해 주어라."
얼마 뒤, 위무가 죽기 직전에 다시 아들에게 말했어요.
"아들아, 내가 죽거든 첩을 나와 함께 묻어 주려무나."
위무가 세상을 떠나자 위과는 아버지의 첩이 새 삶을 살 수 있도록 보내 주었어요.
몇 년 뒤, 전쟁터에 나간 위과가 적장 두회에게 쫓겨 도망치는데 들판에서 백발노인이 풀을 묶고 있었어요. 위과가 그곳을 지나가자마자 뒤따라오던 두회는 묶인 풀에 걸려 넘어졌어요. 위과는 말머리를 돌려 두회를 사로잡았고, 큰 승리를 거두었지요.
그 날 밤, 위과의 꿈에 백발노인이 나타났어요.
"나는 그대가 내보내 준 여인의 아비요. 내 딸을 살려 준 은혜를 이제야 갚았소."
위과는 진심으로 고마워하며 노인에게 절을 올렸어요.

비슷한 고사성어

각골난망(刻骨難忘)
입은 은혜에 대한 고마움이 뼈에 새길 만큼 커서 잊혀지지 아니함.

경국지색 傾國之色

- **한자**: 傾 기울 경 | 國 나라 국 | 之 갈 지 | 色 빛 색
- **출전**: <한서>의 외척전 효무이부인열전
- **뜻풀이**: 나라를 위태롭게 할 만큼 뛰어난 미인.

유래

한나라 무제 때 궁중 가수였던 이연년은 음악적 재능이 뛰어나 황제의 사랑을 받았어요. 그에게는 아름다운 누이동생이 있었어요.

어느 날, 궁중 잔치가 열린 자리에서 이연년은 누이동생의 아름다움을 담은 노래를 한 곡 지어 불렀어요.

북방에 아름다운 여인이 있어
세상에 둘도 없이 홀로 우뚝 서 있네.
한 번 돌아보면 성이 기울고
두 번 돌아보면 나라가 기운다네.
성이 기울고 나라가 기우는 것을 어찌 모를까마는
이처럼 아름다운 여인은 두 번 다시 얻기 어렵네.

무제는 노래 속 주인공을 데려오라고 했어요. 그리고 이연년의 누이동생을 보자마자 한눈에 반했지요. 그 여인이 <한서>에 나오는 이 부인이고 이 노래에서 '경국지색'이란 말이 유래했어요.

계륵 鷄肋

- **한자**: 鷄 닭 계 | 肋 갈비뼈 륵
- **출전**: <후한서>의 양수전
- **뜻풀이**: 살은 없으나 버리기에는 아까운 닭의 갈비뼈처럼 크게 쓸 것은 못 되지만 버리기에는 아까운 경우를 말함.

유래

삼국 시대, 조조와 유비가 한중을 차지하기 위해 싸움을 벌일 때였어요. 싸움이 몇 달간 이어져 조조는 여러 가지 어려움을 겪고 있었어요.

어느 날, 한 장수가 조조에게 전쟁 상황을 보고하고는 후퇴해야 하는지를 물었어요. 그러자 밥을 먹고 있던 조조가 닭갈비를 들었다 놓았다 했어요.

이 말을 전해 들은 총명한 장수 양수는 근무병들에게 철수할 준비를 서두르라고 했어요. 병사들이 그 까닭을 묻자 양수가 말했어요.

"계륵이란 닭의 갈비뼈처럼 뜯어 먹자니 먹을 것이 별로 없고, 버리기에는 아까운 것을 말하지. 지금 조공께서 이곳 한중을 계륵으로 여겨 머지않아 철군할 게 분명하다."

양수의 말대로 며칠 지나지 않아 조조는 철군 명령을 내렸어요.

이후 사람들은 크게 중요하지는 않으나 버리기에는 아까운 것을 가리킬 때 '계륵'이란 말을 쓰게 되었어요.

고육지계 苦肉之計

- **한자**: 苦 쓸 고 | 肉 고기 육 | 之 갈 지 | 計 셀 계
- **출전**: <삼국지연의>
- **뜻풀이**: 적을 속이기 위해 자신을 희생하면서까지 짜내는 계책. 어려운 상황에서 벗어나기 위해 어쩔 수 없이 꾸며 내는 꾀나 방법.

유래

좋은 계책이란 가능한 한 자신의 희생 없이 상대방을 굴복시키는 거예요.

하지만 그것이 불가능한 어쩔 수 없는 경우도 생기지요.

<삼국지연의>에서 제갈공명은 이런 말을 했어요.

"고육계를 쓰지 않고 어찌 조조를 속일 수 있겠는가?"

이는 자기 편 군사를 일부러 공격해 적국으로 달아나게 한 다음 그로 하여금 적진을 염탐하게 하고, 그에 맞는 전략을 세워 적을 함정에 빠뜨리는 계책을 써야 한다는 말이에요. 그야말로 어쩔 수 없는 경우에 쓰는 방법이지요.

<삼국지연의>에서 적벽 대전에 등장하는 일화가 유명하며 '고육지책'과 같은 뜻이에요.

고진감래 苦盡甘來

- **한자** 苦 쓸 고 | 盡 다할 진 | 甘 달 감 | 來 올 래
- **출전** 알 수 없음
- **뜻풀이** '쓴 것이 다하면 단 것이 온다'는 뜻으로, 고생 끝에 낙이 온다는 말.

유래

옛날, 어느 마을에 앉은뱅이 노인이 살았어요. 노인은 짚신을 양손에 끼고 낑낑거리며 움직일 수 있었지만, 마을 사람들은 아무 일도 못 한다며 흉을 보았어요.

어느 날, 지나가던 스님이 노인에게 말했어요.

"고진감래라는 말이 있소. 그게 무슨 뜻인지 잘 생각해 보시구려."

그러고 나서 스님은 감쪽같이 사라졌어요.

노인은 올 래(來)자는 알고 있었어요.

'아버지 함자가 들어 있는 말이구나. 고진은 모르겠고, 감래? 그럼 감이 온다는 말인가?'

며칠 뒤, 스님이 다시 나타나 노인에게 주머니칼을 주며 고욤나무에 감나무 접붙이는 방법을 가르쳐 주었어요. 그 후 노인은 마을을 돌아다니며 고욤나무를 베고 거기에 감나무 가지를 접붙였어요.

노인이 죽고 난 뒤 감나무가 하나둘 생기더니 '감나무골'이라고 불릴 정도로 많아져 마을의 자랑거리가 되었답니다.

곡학아세 曲學阿世

- **한자**: 曲 굽을 곡 | 學 배울 학 | 阿 아부할 아 | 世 인간 세
- **출전**: <사기>의 유림열전
- **뜻풀이**: 출세에 눈이 멀어 학문을 왜곡하고 세상에 아부함을 이르는 말.

유래

한나라에 학문이 높고 바른말을 잘하는 원고생이라는 학자가 있었어요.

어느 날, 황제가 원고생의 명성을 듣고 불러들였어요. 아흔이 넘은 원고생이 황제에게 가니 공손홍이라는 젊은 학자도 와 있었어요.

원고생을 본 공손홍이 비웃으며 말했어요.

"늙은이가 주책이지, 정치에 관여하려 하다니!"

하지만 원고생은 화내지 않고 점잖게 말했어요.

"지금 세상에는 학문의 도가 어지러워져 거짓 학설이 판을 치고 있소. 그대는 부디 바른 학문을 익혀 세상에 널리 펼쳐 주기를 바라오. 절대 학문을 왜곡해서 세상에 아첨하는 학자가 되어서는 안 될 것이오."

원고생의 말을 듣고 난 공손홍은 부끄러워하며 그를 스승으로 모셨어요.

관포지교 管鮑之交

- **한자** 管 대롱 관 | 鮑 절인 물고기 포 | 之 갈 지 | 交 사귈 교
- **출전** <사기>의 관안열전
- **뜻풀이** 친구 사이의 두터운 우정을 이르는 말.

유래

친구 사이인 관중과 포숙아는 함께 장사를 했어요. 늘 관중이 더 많은 몫을 가져갔지만 포숙아는 관중의 집안 형편이 어렵다는 것을 알고 불만을 품지 않았어요.

관중은 여러 번 벼슬에 올랐다 쫓겨났지만 포숙아는 친구가 능력이 부족해 그런 것이 아니라고 생각했어요. 사람은 유리한 처지에 놓일 때도 있고, 불리한 처지에 놓일 때도 있다며 관중을 위로했지요. 또한 관중이 전쟁터에 세 번 나갔다가 세 번 모두 도망쳐 왔을 때도 포숙아는 그를 겁쟁이로 여기지 않았어요. 늙은 어머니를 모시고 사는 관중의 처지를 잘 알고 있었기 때문이지요.

훗날 재상이 된 관중은 지난날을 돌아보며 말했어요.

"나를 낳은 것은 부모님이지만 나를 알아준 것은 포숙아다."

관중과 포숙아처럼 아주 두터운 우정을 가리킬 때 '관포지교'라는 말을 써요.

괄목상대 刮目相對

- **한자**: 刮 비빌 괄 | 目 눈 목 | 相 서로 상 | 對 대할 대
- **출전**: <삼국지> '오서'의 여몽전
- **뜻풀이**: 눈을 비비고 다시 볼 만큼 학식이나 재주가 크게 향상됨.

유래

오나라 손권의 부하 장수 중에 여몽이라는 사람이 있었어요. 여몽은 공부를 한 적이 없어 아는 것이 별로 없었지만 전쟁에 나가 큰 공을 세워 장군이 되었어요.

손권이 병법을 체계적으로 공부하면 더욱 발전할 것이라고 충고하자 여몽은 그 날부터 열심히 공부했어요.

얼마 뒤, 뛰어난 학식을 자랑하는 노숙이 여몽을 찾아왔어요. 노숙은 여몽과 이야기를 나누면서 그가 전과 달리 아는 것이 많아졌다는 것을 깨닫고 깜짝 놀랐어요.

"예전에 내가 알던 여몽이 아닌 것 같군. 언제 이렇게 학문을 익혔단 말인가?"

노숙의 물음에 여몽이 큰 소리로 웃으며 대답했어요.

"모름지기 선비란, 헤어진 지 사흘 만에 만나면 눈을 비비고 다시 볼 만큼 달라져 있어야 하지 않겠는가!"

구사일생 九死一生

- **한자**: 九 아홉 구 | 死 죽을 사 | 一 한 일 | 生 날 생
- **출전**: <사기>의 굴원가생열전
- **뜻풀이**: 죽을 고비를 여러 번 넘기고 간신히 살아남을 이르는 말.

유래

초나라의 명신이자 시인인 굴원은 간사한 자들이 임금의 지혜를 가리고 세상을 어지럽히는 것을 걱정하여 시를 한 편 지었어요.

긴 한숨을 쉬고 눈물을 감추는 것은
백성들의 고된 삶이 슬프기 때문이네.
내 비록 조심한다 했건마는
아침에 바른말 올렸다가 저녁에 쫓겨났네.
혜초를 둘렀다고 나를 버리셨는가.
아니면 내가 구릿대를 잡았기 때문인가!
그래도 내게는 아름다운 것이기에
아홉 번 죽어도 후회하지 않으리라.

이에 대해 중국의 명문장 모음 <문선>을 편집한 유량주가 다음과 같이 말했어요.

"충성을 다하고 신의를 지키며 살고자 했으니 이런 불운을 만나 아홉 번 죽어 한 번도 살아나지 못한다 해도 후회는 없을 것이다."

구우일모 九牛一毛

- **한자**: 九 아홉 구 | 牛 소 우 | 一 한 일 | 毛 털 모
- **출전**: 사마천의 <보임소경서(보임안서)>
- **뜻풀이**: '아홉 마리의 소에서 뽑은 한 개의 털'이라는 뜻으로, 아주 많은 것 중 지극히 작은 부분을 말함.

유래

한나라 무제 때 이릉이 흉노족과의 전쟁에서 크게 패하자 조정에서 이릉을 어떻게 처벌할지 의논했어요. 그때 사마천이 이릉을 감쌌어요.

"이릉은 적은 병력으로 용맹하게 싸웠지만 지원군이 오지 않고 내부에 적의 첩자까지 있어 패한 것입니다. 그러니 그를 처벌하기보다 그의 공을 만천하에 알리는 것이 우선이라고 생각합니다."

이에 황제는 크게 화를 내며 사마천에게 형벌을 내렸어요. 사마천은 형벌을 받은 후 친구인 임안에게 편지를 썼어요.

만일 내가 법에 따라 사형을 당한다 해도 그것은 '아홉 마리의 소 가운데서 터럭 하나가 없어지는 것'과 같을 뿐이라네.
나 같은 이가 하찮은 미물과 다른 것이 무엇이란 말인가!
사람들은 내가 불의와 맞서 싸우다 죽음을 당한다 해도 그 절의를 칭송하기는커녕 어리석다고 비웃을 것이네.

비슷한 고사성어
창해일속(滄海一粟)
크고 넓은 바닷속의 좁쌀 한 알처럼 보잘것없는 존재를 뜻하는 말.

군계일학 群鷄一鶴

- **한자** 群 무리 군 | 鷄 닭 계 | 一 한 일 | 鶴 학 학
- **출전** <진서>의 혜소전
- **뜻풀이** '닭 무리 속에 있는 한 마리의 학'이란 뜻으로, 많은 사람들 중 단연 눈에 띄는 한 사람을 가리킴.

유래

진나라의 죽림칠현(노자와 장자의 사상을 따라 죽림에 모여 욕심 없이 산 진나라의 일곱 선비) 중 혜강은 반대 세력의 모함으로 죽었어요.

같은 죽림칠현인 산도가 혜강의 어린 아들 혜소를 안타깝게 여겨 무제에게 간청했어요.

"죄인의 아들이지만 재능을 보아 비서랑 벼슬을 내려 주십시오."

"경이 그렇게 말할 정도의 인물이라면 틀림없을 것이오."

무제는 혜소에게 비서랑보다 한 단계 높은 벼슬을 내렸어요.

혜소가 많은 사람들 속에 끼어 궁궐로 들어가는 모습을 본 어떤 이가 왕융이라는 선비에게 말했어요.

"내가 수많은 사람들 가운데에 있는 혜소를 보았는데, 어찌나 기개가 넘치는지 닭의 무리에 섞여 있는 한 마리 학처럼 보였다오."

그러자 왕융이 고개를 끄덕이며 대답했어요.

"당연히 그럴 것이오. 혜소의 아버지는 그보다 더 늠름하고 혈기 넘치는 사람이었소."

왕융은 죽은 혜강을 생각하며 빙긋이 미소 지었어요.

군맹무상 群盲撫象

- **한자**: 群 무리 군 | 盲 소경 맹 | 撫 어루만질 무 | 象 코끼리 상
- **출전**: <북송열반경>의 사자후보살품
- **뜻풀이**: 앞을 못 보는 사람이 코끼리를 만지는 것처럼 사물의 부분을 보고 전체를 잘못 판단하는 어리석음을 이르는 말.

유래

어느 왕이 앞 못 보는 사람들에게 코끼리를 구경시켜 주려고 궁궐로 불러 모았어요. 신하가 코끼리를 끌고 오자 왕은 한 번씩 만져 보게 하고는 물었어요.

"자, 이제 코끼리가 어찌 생겼는지 알겠느냐?"

"네."

모두 입을 모아 대답했어요.

"그럼 한 사람씩 돌아가면서 코끼리의 생김새를 말해 보거라."

그러자 상아를 만진 사람이 맨 먼저 나서서 말했어요.

"코끼리는 무처럼 생겼습니다."

귀를 만진 사람은 "코끼리는 키처럼 생겼습니다."

머리를 만진 사람은 "코끼리는 돌처럼 생겼습니다."

코를 만진 사람은 "코끼리는 절굿공이처럼 생겼습니다."

다리를 만진 사람은 "코끼리는 기둥처럼 생겼습니다."

그뿐이 아니었어요. 배를 만진 사람은 항아리 같다고 했고, 꼬리를 만진 사람은 새끼줄 같다며 저마다 다른 대답을 했답니다.

권토중래 捲土重來

- **한자**: 捲 거둘 권 | 土 흙 토 | 重 거듭 중 | 來 올 래
- **출전**: 두목의 시 <제오강정>
- **뜻풀이**: '흙먼지를 날리며 다시 온다'는 뜻으로, 어떤 일에 실패한 뒤 더욱 노력해서 다시 일어남.

유래

한나라 황제 유방과 싸우던 초나라 황제 항우가 포위망을 뚫고 오강에 이르자 정장이 배를 준비해 놓고 있었어요.

하지만 항우는 배에 오르지 않고 기다리다 유방의 군사들이 몰려오자 100여 명을 베어 죽였어요. 그러다 큰 상처를 입고 위태로워지자 스스로 목을 찔러 죽었어요.

그 후 오강을 유람하던 당나라 시인 두목이 항우의 죽음을 안타까워하며 <오강정>이라는 시를 지었어요.

병가의 승패는 뜻대로 되지 않으니
수치스러움을 참아 내는 것도
진정한 남아의 할 바가 아닌가!
강동의 자제들 중 인재가 많았거늘
그때 강을 건넜더라면
흙먼지를 일으키며 다시 와서 일어날 수 있었을 것을.

금상첨화 錦上添花

- **한자** 錦 비단 금 | 上 위 상 | 添 더할 첨 | 花 꽃 화
- **출전** 왕안석의 시 <즉사>
- **뜻풀이** 비단 위에 꽃을 더한 것처럼 좋은 일에 더 좋은 일이 일어난다는 말.

유래

왕안석은 북송 시대의 정치가이자 시인이에요.
아래의 시는 그가 나이 들어 은퇴하고 남경(난징)의 한적한 곳에 머무르면서 지은 것으로 알려져 있어요.

강물은 남원으로 흘러 서쪽으로 기우는데
맑고 투명한 바람 불고 꽃에는 이슬이 맺혔네.
문 앞 버드나무는 옛 사람 도연명의 집이고,
우물가 오동나무는 옛날 총지의 집이라.
좋은 모임에서 술잔을 거듭 비우려 하는데
아름다운 노래 비단 위에 꽃을 더하네.
문득 무릉의 술과 안주를 즐기는 나그네 되니
냇물이 시작되는 곳 붉은 노을 가득하리라.

기우 杞憂

- **한자** 杞 나라 이름 기 | 憂 근심 우
- **출전** <열자>의 천서 편
- **뜻풀이** 쓸데없는 걱정이나 지나친 걱정을 이르는 말.

유래

중국 기나라에 쓸데없는 걱정에 빠진 사람이 있었어요.

"아! 하늘이 무너지면 어쩌지? 그럼 어떡하나!"

그는 하늘이 무너져 세상이 망하고, 자신도 죽게 될까 봐 걱정이었어요.

"이보게, 하늘이 무너진다는 게 말이 돼? 그런 일은 없을 테니 아무 걱정 말게."

보다 못한 친구가 말했지만 소용없었어요.

"자네 말대로 하늘이 무너지지 않는다 해도 해나 달, 별이 갑자기 땅으로 떨어질 수도 있지 않나? 아니면 땅이 꺼질 수도 있고."

"땅은 흙이 쌓이고 사방이 꽉 차 있어서 아무리 뛰어다녀도 꺼지지 않고 그대로 있지 않은가. 그래서 땅 위에 많은 사람들이 살 수 있는 거라네."

친구가 안심시키자 그는 그제야 마음이 놓여 활짝 웃었어요.

기호지세 騎虎之勢

- **한자**: 騎 말탈 기 | 虎 범 호 | 之 갈 지 | 勢 형세 세
- **출전**: <수서>의 독고황후전
- **뜻풀이**: 호랑이를 타고 가는 도중에 내리면 잡아먹혀 내릴 수 없는 것처럼 이미 시작한 일을 도중에 그만둘 수 없는 경우에 하는 말.

유래

한나라의 양견은 이민족인 오랑캐가 자신의 나라를 점령한 것을 몹시 분하게 여겨 기회만 있으면 천하를 다시 손에 넣겠다고 다짐했어요.

8년 뒤, 마침내 진나라를 멸망시키고 늘 바라던 대로 천하를 통일했는데, 그가 바로 수나라의 제1대 황제인 문제예요.

양견(문제)이 천하 통일을 이루기 위해 애쓰고 있던 어느 날이었어요. 양견의 아내 독고는 남편이 궁중에서 부하들과 함께 밤이 깊도록 머리를 맞대고 나랏일을 의논한다는 것을 알게 되었어요. 그래서 남편을 격려하기 위해 시종을 보내 말을 전했어요.

"호랑이 등에 올라타고 가다가 도중에 내리면 그 호랑이에게 잡아먹히고 말 것입니다. 그러니 이미 벌여 놓은 일을 반드시 이루도록 최선을 다하십시오."

이 말을 들은 양견은 더욱 힘을 내 치밀하게 계획을 세우고 일을 추진한 끝에 통일을 이루었어요.

난의포식 暖衣飽食

- **한자**: 暖 따뜻할 난 | 衣 옷 의 | 飽 배부를 포 | 食 먹을 식
- **출전**: <맹자>의 등문공 상편
- **뜻풀이**: '따뜻한 옷을 입고 배불리 먹는다'는 뜻으로, 생활에 부족함이 없음을 비유하는 말.

유래

맹자가 예순 살이 넘었을 때 등나라의 문공에게 초대를 받았어요. 맹자는 문공에게 주나라의 정전법을 받아들여 이상적인 나라를 만들도록 권했어요. 한편, 노나라 묵자의 영향을 받아 중농주의를 중요하게 생각한 허행은 자급자족하는 삶을 살아가고 있었어요.

허행과 같은 생활을 시작한 진상이 맹자에게 와서 말했어요.

"등나라 임금도 백성들처럼 농사를 지어야 하지 않겠습니까?"

하지만 맹자는 그 생각에 찬성하지 않았어요.

"인간의 생활은 분업을 하는 것이지 자급자족하는 것은 불가능하오. 허행도 농기구와 그릇은 물물 교환해 쓰고 있소. 그러니 농사 짓는 사람과 다스리는 사람은 구분되어야 마땅하지요."

맹자는 덧붙여서 말했어요.

"사람에게는 마땅히 지켜야 할 도리가 있으니 따뜻한 옷을 입고 배불리 먹으며 편하게 산다 해도 가르침이 없으면 짐승에 가까워질 뿐이오. 성인께서 이것을 염려해 백성들을 인륜으로 가르치게 한 것이 바로 오륜이라오."

난형난제 難兄難弟

- **한자**: 難 어려울 난 | 兄 형 형 | 難 어려울 난 | 弟 아우 제
- **출전**: <세설신어>의 덕행 편
- **뜻풀이**: 한쪽을 형이라 하기도 어렵고, 다른 쪽을 아우라 하기도 어려울 만큼 둘의 능력이 비슷해 우열을 가리기 힘들다는 말.

유래

후한 시절, 덕망이 높은 진식이라는 사람이 있었어요. 그의 두 아들 진기와 진심 또한 아버지 못지않았어요. 그래서 세상 사람들은 이 삼부자를 '삼군자(三君子)'라고 불렀지요.

세월이 지나 진식의 두 아들은 결혼해서 각각 아들을 얻었어요.

어느 날, 진기의 아들 진군과 진심의 아들 진충이 서로 자기 아버지의 공적과 덕행이 더 훌륭하다며 다투었어요. 도무지 말싸움이 끝나지 않자 둘은 할아버지에게 가서 결정을 내려 달라고 했어요.

"누구를 형이라 하기도 어렵고, 누구를 아우라 하기도 어려울 만큼 결정하기 힘든 일이구나. 그러니 이 문제는 훗날 다시 가려 보도록 하자."

진식이 큰 소리로 웃으면서 말했어요.

비슷한 고사성어
막상막하(莫上莫下)
어느 쪽이 위고, 어느 쪽이 아래인지 구분하기 힘들 만큼 실력이 비슷함.

남가일몽 南柯一夢

- **한자**: 南 남녘 남 | 柯 가지 가 | 一 한 일 | 夢 꿈 몽
- **출전**: 이공좌의 <남가기>
- **뜻풀이**: '남쪽으로 뻗은 나뭇가지 밑에서 꾼 꿈'이라는 뜻으로, 덧없는 인생과 부귀영화를 비유한 말.

유래

당나라의 순우분이라는 사람이 술을 마시고 마당가 홰나무(회화나무) 밑에서 잠이 들었어요.

그런데 두 사람이 와서 순우분을 깨웠어요.

"괴안국 임금의 명으로 당신을 모시러 왔습니다."

순우분은 곧 그들을 따라 홰나무 아래 굴속으로 들어갔어요. 햇빛이 환히 비치는 그곳은 경치도 아름답고 사람들은 평화로워 보였어요.

임금은 순우분을 공주와 결혼시키고 남가군의 태수로 임명했어요. 순우분은 남가군을 잘 다스려 백성들의 칭찬이 자자했지요.

그러던 어느 날, 단라국이 쳐들어와 순우분이 군사를 이끌고 나가 싸웠지만 지고 말았어요. 왕은 순우분을 고향으로 돌려보냈어요.

잠에서 깨어난 순우분이 홰나무 아래를 살펴보니 커다란 개미굴이 있었어요. 삶의 허무함을 깨달은 순우분은 하루하루 겸손하고 성실하게 살았어요.

비슷한 고사성어

한단지몽(邯鄲之夢)
'당나라의 노생이 한단이란 지방에서 잠을 자다가 꾼 꿈'이라는 뜻으로, 인생의 부귀영화가 덧없음을 의미하는 말.

남귤북지 南橘北枳

- **한자** 南 남녘 남 | 橘 귤 귤 | 北 북녘 북 | 枳 탱자 지
- **출전** <안자춘추>
- **뜻풀이** 남쪽 땅의 귤을 북쪽 땅에 옮겨 심으면 탱자가 되는 것처럼, 사람도 처한 상황에 따라 기질이 달라진다는 뜻.

유래

작고 못생긴 제나라의 재상 안영이 초나라에 사신으로 갔어요. 초나라 임금은 안영을 떠 보려고 비아냥거렸어요.

"당신처럼 작고 볼품없이 생긴 사람을 사신으로 보낸 걸 보니 제나라에는 인재가 없는 모양이오."

"제나라는 사신을 보낼 때 큰 나라에는 큰 사람을, 작은 나라에는 작은 사람을 보내지요. 저는 작은 사람이라 초나라에 온 것입니다."

그때 병사들이 죄수를 끌고 지나가자 임금이 물었어요.

"그 죄수는 어느 나라 출신이냐?"

"제나라 사람인데 도둑질을 했습니다."

"제나라 사람들은 도둑질을 잘하나 보군?"

임금이 미소를 지으면서 묻자 안영이 태연하게 대답했어요.

"회수 이남의 귤을 회수 이북 땅에 옮겨 심으면 탱자가 되지요. 도둑질이 무엇인지도 모르는 제나라 사람이 초나라에 와서 도둑질하는 것은 초나라 풍토 때문이 아니겠는지요!"

안영의 기지에 놀란 초나라 임금은 사과하고 큰 잔치를 벌였어요.

낭중지추 囊中之錐

- **한자** 囊 주머니 낭 | 中 가운데 중 | 之 갈 지 | 錐 송곳 추
- **출전** <사기>의 평원군우경열전
- **뜻풀이** 뛰어난 인재는 주머니 속에 든 송곳처럼 숨어 있어도 저절로 알려짐을 뜻함.

유래

어느 해, 진나라가 조나라의 도읍인 한단을 포위하자 조나라는 혜문왕의 동생 평원군을 초나라로 보내 동맹을 맺으려 했어요.

평원군은 학식과 무술이 뛰어난 스무 명을 뽑아 데려가기로 했어요. 그런데 뽑고 보니 열아홉 명이라 한 명을 더 뽑으려 할 때 모수라는 사람이 가고 싶다고 나섰어요. 평원군이 모수에게 물었어요.

"그대가 우리 집에 온 지 몇 해나 되었는가?"

"네, 3년째입니다."

그러자 평원군이 고개를 절레절레 저으며 말했어요.

"뛰어난 인물은 주머니 속에 든 송곳이 밖으로 비어져 나오는 것처럼 날카로움이 저절로 드러나는 법이다. 그런데 그대는 3년이 넘도록 드러나지 않으니 능력 없음을 인정해야 하는 게 아닌가?"

"저를 진작 주머니에 넣어 주셨다면 송곳 끝뿐 아니라 손잡이까지 비어져 나왔을 것입니다. 오늘이라도 주머니에 넣어 주십시오."

그 말에 평원군은 호탕하게 웃으며 그를 뽑았고, 모수의 활약으로 초나라와 동맹을 맺는 데 성공했어요.

내우외환 內憂外患

- **한자** 內 안 내 | 憂 근심 우 | 外 바깥 외 | 患 근심 환
- **출전** <국어>의 진어 편
- **뜻풀이** 나라 안팎의 여러 가지 어려움을 이르는 말.

유래

춘추 시대에 진나라와 초나라는 협약을 맺어 평화를 유지했어요.

그런데 얼마 뒤, 초나라와 동맹을 맺은 정나라가 진나라에 대항하자 진나라의 대부였던 낙서가 정나라를 공격하기 위해 군대를 소집했어요. 결국 초나라가 정나라를 돕기 위해 나서면서 진나라와 초나라 사이의 평화가 깨질 위기에 놓였어요.

낙서는 초나라와 싸울 것을 주장했지만 범문자가 반대했어요.

"제후의 자리에 있는 사람은 반란이 일어나면 진압해야 하고, 공격을 받으면 막아 내야 한다. 그러니 제후는 늘 어려운 상황에 놓일 수밖에 없다. 안으로부터의 근심과 밖으로부터의 재난을 모두 없앨 수 있는 것은 오직 성인뿐일 것이다. 이처럼 우리가 어떻게 하든 나라 안팎의 근심과 재난은 끊이지 않고 계속될 것인데, 전쟁을 벌이는 것이 과연 옳은 일인가!"

범문자는 춘추 시대에 많은 나라들이 끊임없이 세력 다툼을 벌이는 것을 답답해하며, 초나라나 정나라가 일으킨 밖으로부터의 근심을 내버려 두어 전쟁을 피하고자 한 것이었어요.

•노마지지 老馬之智

- 한자 : 老 늙을 노 | 馬 말 마 | 之 갈 지 | 智 지혜 지
- 출전 : <한비자>의 설림 상편
- 뜻풀이 : '늙은 말의 지혜'라는 뜻으로, 하찮은 사람이라도 나름대로의 지혜와 재능이 있다는 말.

유래

추운 겨울, 제나라의 환공이 고죽국이라는 작은 나라를 공격했을 때의 일이에요.

환공은 군사를 이끌고 진격하다가 산속에서 길을 잃고 헤매게 되었어요. 그때 관중이라는 장수가 나서서 말했어요.

"늙은 말은 길을 잘 찾으니 말의 지혜를 이용하면 도움이 될 것입니다."

관중의 말대로 늙은 말을 풀어 놓고 뒤따라가자 길을 찾을 수 있었어요.

다시 길을 가는 도중에 병사들이 목이 말라 몹시 괴로워했어요.

그때 습붕이라는 장수가 나서서 말했어요.

"개미는 겨울에는 양지바른 남쪽에 살고, 여름에는 북쪽의 음지에서 사는 법입니다. 그러니 개미굴 아래를 파면 반드시 물이 나올 것입니다."

습붕의 말대로 개미집 아래를 얼마쯤 파 내려가자 물을 얻을 수 있었어요.

누란지위 累卵之危

- **한자**: 累 여러 누 | 卵 알 란 | 之 갈 지 | 危 위태할 위
- **출전**: <사기>의 범수채택열전
- **뜻풀이**: 알을 쌓아 놓은 것처럼 조금만 건드려도 무너질 듯 위태로운 상태.

유래

위나라 범수(범저)는 중대부 수가의 부하로 지냈어요. 어느 날, 범수는 사신으로 제나라에 가는 수가를 따라갔지요.

하지만 제나라에서 누명을 뒤집어쓴 범수는 수가의 미움을 사게 되어 목숨이 위태로웠어요.

감옥에서 간신히 빠져나온 범수는 왕계의 도움을 받아 진나라로 망명해 이름을 '장록'으로 바꾸었어요.

범수가 현명하다는 것을 안 왕계가 진나라 왕에게 말했어요.

"위나라의 장록 선생은 세상에서 가장 뛰어난 사람입니다. 그는 지금 진나라는 달걀을 쌓아 놓은 것보다 더 위태로우나 진나라가 자신을 받아들인다면 평안을 유지할 수 있다고 말합니다."

그러자 진나라 왕은 범수를 흔쾌히 받아들였고, 이후 범수는 진나라의 외교 정책에 큰 공을 세웠어요.

비슷한 고사성어

위기일발(危機一髮)
당장에라도 위기가 닥칠 듯이 위험한 순간을 비유하는 말.

다다익선 多多益善

- **한자** 多 많을 다 | 多 많을 다 | 益 더할 익 | 善 착할 선
- **출전** <사기>의 회음후열전
- **뜻풀이** 많으면 많을수록 더 좋다는 뜻.

유래

한나라의 유방은 초나라를 물리치고 한신을 초나라의 왕으로 임명했어요. 하지만 능력이 뛰어난 한신을 늘 경계했지요.

어느 날, 유방이 한신에게 물었어요.

"경이 보기에는 내가 어느 정도의 군사를 거느릴 수 있을 것 같은가?"

"폐하께서는 10만 정도의 군사를 거느리면 충분할 듯하옵니다."

"그럼 경은 어느 정도의 군사를 거느릴 수 있겠나?"

"소신은 많으면 많을수록 좋사옵니다."

한신의 대답에 기분이 상한 유방이 다시 물었어요.

"경이 그처럼 많은 군사를 거느릴 수 있다면, 어찌하여 내 신하 노릇을 하고 있단 말인가?"

한신은 당황하지 않고 차분하게 대답했어요.

"군사를 거느리는 능력은 소신이 폐하보다 뛰어나지만 장군을 거느리는 능력은 폐하께서 가장 뛰어나시기 때문입니다."

한신의 말에 유방은 웃으며 고개를 끄덕였어요.

단사표음 簞食瓢飮

- **한자** 簞 소쿠리 **단** | 食 먹이 **사**(밥 **식**) | 瓢 바가지 **표** | 飮 마실 **음**
- **출전** <논어>의 옹야 편
- **뜻풀이** '한 그릇의 밥과 한 바가지의 물'이라는 말로, 소박하고 청렴한 생활을 의미함.

유래

공자에게는 따르는 제자들이 많았어요. 그중에서도 안회는 학문과 덕행이 뛰어난 인물로 공자가 매우 아끼고 사랑하는 제자였어요.

공자는 가난을 부끄럽게 여기지 않고 학문에 힘쓰는 안회를 칭찬했어요. 공자가 안회를 칭찬한 말 중 <논어> '옹야 편'에 다음과 같은 구절이 있어요.

> 어질구나, 안회여!
> 한 그릇의 밥과 한 바가지의 물로 누추한 곳에 살면
> 다른 사람은 그 괴로움을 견디지 못하거늘
> 안회는 오히려 그것을 즐거움으로 삼는구나.

이처럼 안회는 밥도 제대로 먹지 못하는 가난 속에서도 불만을 품지 않고 만족하며 학문에 힘을 쏟았어요.

비슷한 고사성어

단표누항(簞瓢陋巷)
'누추한 거리에서 먹는 한 그릇의 밥과 한 바가지의 물'이라는 뜻으로, 소박한 시골 생활을 비유한 말.

당랑거철 螳螂拒轍

- **한자**: 螳 사마귀 당 | 螂 사마귀 랑 | 拒 막을 거 | 轍 바큇자국 철
- **출전**: <회남자>의 인간훈 편
- **뜻풀이**: '사마귀가 수레바퀴를 막는다'는 뜻으로, 약한 사람이 분수도 모르고 상대가 되지 않는 사람이나 사물에 무모하게 밀어붙이는 상황을 말함.

유래

중국 제나라의 장공이 어느 날 수레를 타고 사냥하러 갈 때였어요. 사마귀 한 마리가 수레 앞을 가로막더니 앞발을 쳐들고 공격하려는 듯한 자세를 취했어요.

그 모습을 본 장공이 수레를 모는 하인에게 물었어요.

"저건 무슨 벌레냐?"

"네, 사마귀라는 벌레인데, 앞으로 나아갈 줄만 알지 물러설 줄은 모릅니다. 자기 힘은 생각하지 않고 무조건 덤벼들지요."

하인의 말을 들은 장공은 고개를 끄덕이면서 말했어요.

"저 사마귀가 사람이었다면 천하에 용맹을 떨치는 장수가 되었겠구나. 비록 보잘것없는 벌레라고는 하지만 용기가 가상하니, 수레를 옆으로 돌려 피해 가도록 해라."

비슷한 고사성어

당랑지부(螳螂之斧)
사마귀가 앞다리를 세우고 위협하는 것처럼 자기 능력도 모르고 강적에게 덤벼드는 것을 비유하는 말.

대기만성 大器晚成

- **한자**: 大 큰 대 | 器 그릇 기 | 晚 늦을 만 | 成 이룰 성
- **출전**: <노자> 41장, <삼국지> '위서'의 최염전
- **뜻풀이**: '큰 그릇을 만드는 데는 시간이 걸린다'는 뜻으로, 큰 인물이 되기 위해서는 많은 노력과 시간이 필요하다는 뜻.

유래

위나라에 최염이라는 장수가 있었어요. 무제는 잘생기고 재능도 뛰어난 그를 특별히 아꼈지요.

최염에게는 최림이라는 사촌동생이 있었어요.

그런데 최림은 최염과 달리 볼품없이 생긴 데다 말솜씨도 없어서 관심을 받지 못했어요.

하지만 최염은 동생이 언젠가 큰일을 해낼 거라 믿고 사람들이 최림을 무시할 때마다 손을 내저으며 말했어요.

"큰 종이나 솥을 만들기 위해서는 시간이 오래 걸리는 것처럼 큰 재능을 가진 사람도 하루아침에 이룰 수 있는 게 아니지요. 내 아우는 오랜 시간 동안 만들어지는 큰 그릇과 같으니 훗날 반드시 큰일을 해낼 것이오."

그의 말대로 최림은 훗날 삼공이라는 높은 벼슬에 올라 훌륭한 정치가가 되었답니다.

너는 반드시 큰일을 해낼 거라고 믿어.

동병상련 同病相憐

- **한자**: 同 한가지 **동** | 病 병 **병** | 相 서로 **상** | 憐 불쌍히 여길 **련**
- **출전**: <오월춘추>의 합려내전
- **뜻풀이**: 처지가 비슷한 사람끼리 서로를 잘 이해한다는 뜻.

유래

초나라에 오자서라는 사람이 살았어요. 그는 아버지와 형이 비무기의 모함으로 죽음을 당하자 오나라로 망명했어요. 오나라의 왕 합려는 오자서의 됨됨이를 알아보고 대부 벼슬을 내렸어요.

얼마 뒤, 초나라에서 백비가 오나라로 망명해 왔어요. 백비도 비무기의 모함으로 아버지가 죽음을 당했지요.

오자서는 백비의 능력을 칭찬하며 오나라 왕에게 벼슬을 내려 달라고 청했어요. 합려는 백비를 대부에 임명했어요. 그러자 대부 자리에 있던 피리가 오자서에게 불만을 터뜨렸어요.

"백비는 살인을 저지를 사람으로 보이는데 어찌 감싸는 것이오? 가까이해서는 안 됩니다."

"황허의 민요에서 '같은 병을 앓는 사람끼리 서로 가엾게 여긴다'고 한 것처럼 나와 처지가 비슷한 백비가 안쓰러워 돕고 싶었던 것뿐이오."

하지만 피리의 말처럼 오자서는 백비의 모함으로 죽고 말았어요.

비슷한 고사성어

초록동색(草綠同色)
'풀색과 녹색은 같은 색'이라는 뜻으로, 처지가 같은 사람끼리 어울리거나 친밀감을 느끼는 경우를 이르는 말.

동상이몽 同床異夢

- **한자** 同 한가지 동 | 床 평상 상 | 異 다를 이 | 夢 꿈 몽
- **출전** 알 수 없음
- **뜻풀이** '같은 잠자리에서 다른 꿈을 꾼다'는 뜻으로, 겉으로는 같이 행동하면서 속으로는 각각 다른 생각을 함.

유래

중국에서는 예로부터 침대를 써 왔어요. 따라서 평상을 뜻하는 '상(床)'은 '잠자리'를 의미하는 말로 볼 수 있어요.

같은 잠자리에 누워 잠을 자지만 서로 다른 꿈을 꾸는 것과 같이 겉으로는 똑같이 행동하면서 속으로는 전혀 다른 생각을 품고 있다는 의미지요.

비슷한 고사성어

소리장도(笑裏藏刀)
'웃음 속에 칼을 감춘다'는 뜻으로, 말은 좋게 하지만 마음속으로는 해칠 뜻을 품은 것을 비유하는 말.

두문불출 杜門不出

- **한자**: 杜 막을 두 | 門 문 문 | 不 아닐 불 | 出 날 출
- **출전**: <국어>의 진어, <사기>의 상군열전, 염파인상여열전, 사마상여열전
- **뜻풀이**: '문을 닫고 밖으로 나가지 않는다'는 뜻으로, 집에 틀어박혀 관직에 나아가지 않거나 사회 일을 하지 않음을 이르는 말.

유래

이성계가 고려 왕조를 무너뜨리고 조선을 건국했을 때 많은 신하들이 조정에 나아가기를 거부하고 고려에 충절을 지키려 했어요. 그중 대표적인 이들이 신규, 조의생, 성사재, 박문수, 민안부, 맹호성 등 '칠십이현'이라고 불리는 72명의 문신과 48명의 무신이었지요. 이들은 두문동에 숨어서 고려 왕조에 대한 충성심을 지키며 살았어요.

초조해진 이성계가 높은 벼슬을 내리겠다고 제안하며 조정으로 불러들이려 애썼지만 고려의 충신들은 꿈쩍도 하지 않았어요. 결국 이성계는 군사를 보내 밖으로 나오는 길 하나만을 남겨 놓은 채 마을 전체에 불을 질렀어요. 목숨이 위험한 상황에 놓이면 그들이 뛰쳐나와 항복할 거라고 생각했던 것이지요.

하지만 온 마을이 불바다가 되고 나서도 밖으로 나온 사람은 단 한 명도 없었어요. 이처럼 집에만 틀어박혀 있거나 사회 일을 하지 않는 것을 비유할 때 '두문불출'이란 말을 써요.

등용문 登龍門

- **한자**: 登 오를 등 | 龍 용 용 | 門 문 문
- **출전**: <후한서>의 이응전
- **뜻풀이**: '용문에 오른다'는 뜻으로, 이름을 떨치고 출세함을 이르는 말.

유래

중국 황허강 상류에 있는 '용문'이라는 협곡은 물살이 몹시 세차고 빨랐어요. 그래서 몸집이 큰 물고기도 여간해서는 거슬러 올라가지 못했지요.

하지만 일단 그곳에 오른 물고기는 용이 된다는 전설이 있어서 많은 물고기들이 용문에 오르고자 했지요. 이후 '용문에 오른다'는 뜻의 '등용문'은 큰 어려움을 이겨 내고 출세할 기회를 얻는다는 말로 쓰이기 시작했어요.

후한 말, 부정부패가 심했던 환관과 달리 정의롭고 덕망 높은 관료인 이응이 있었어요.

그는 승진을 거듭하다가 어느 시기에 환관 세력과 맞서 싸웠어요. 그의 명성은 점점 더 높아졌고, 젊은 학자들 사이에서는 '이응에게 인정받는 것은 용문에 오르는 것과 같으며, 그것은 곧 출세의 지름길이다'라고 했어요.

비슷한 고사성어
입신양명(立身揚名)
출세하여 이름을 세상에 드날림.

마이동풍 馬耳東風

- **한자**: 馬 말 마 | 耳 귀 이 | 東 동녘 동 | 風 바람 풍
- **출전**: 이백의 <답왕십이한야독작유회>
- **뜻풀이**: 말의 귀에 동풍이 불어도 아랑곳하지 않는 것처럼 남의 말을 귀담아듣지 않고 흘려 버림을 이름.

유래

당나라 시인 이백은 왕십이라는 친구가 '추운 밤 홀로 술잔을 드니 느낀 바 있어서'라는 시 한 수를 보내오자 화답하는 시를 써서 보냈어요.

> 북창에 앉아서 시를 지어 부르지만
> 많은 말들은 한 잔의 술보다도 솔직하지 못하니
> 세상 사람들도 이 시를 듣고 모두 머리를 흔드네.
> 마치 동풍이 말의 귀에 불어오는 것처럼
> 물고기 눈이 우리를 또한 비웃으며
> 밝은 달과 같기를 바라네.

이 시에서 이백은 시인이 아무리 좋은 시를 지어도 세상 사람들이 알아주지 않는 현실을 한탄했어요.

비슷한 고사성어

대우탄금(對牛彈琴)
'소를 마주 대하고 거문고를 탄다'는 뜻으로, 어리석은 사람에게는 깊은 이치를 말해 주어도 알아듣지 못해 아무 소용없음을 이르는 말.

막역지우 莫逆之友

- **한자**: 莫 없을 막 | 逆 거스를 역 | 之 갈 지 | 友 벗 우
- **출전**: <장자> 내편의 대종사
- **뜻풀이**: 아무 허물 없이 지낼 만큼 친한 친구를 말함.

유래

도가 사상이 담긴 <장자>에는 다음과 같은 이야기가 나와요.

자상호, 맹자반, 자금장 세 사람이 한자리에 모여 이야기를 나누고 있었어요.

"과연 누가 사귀지 않으면서도 사귀고, 돕지 않으면서도 도울 수 있을까? 또한, 과연 누가 하늘에 올라 안개 속에 노닐며, 끝이 없는 곳을 자유로이 돌아다니며, 삶도 잊은 채 무한의 경지로 들어갈 수 있겠는가?"

이 질문에 대해 많은 이야기를 주고받던 세 사람은 서로 뜻이 잘 맞는다는 것을 깨닫고 마주 보며 환하게 웃었어요.

이후 세 사람은 서로 거스르는 일이 없는 친구가 되었답니다.

비슷한 고사성어
고산유수(高山流水)
자신의 마음과 가치를 잘 알아주는 참다운 친구를 비유적으로 이르는 말.

망운지정 望雲之情

- **한자** 望 바랄 망 | 雲 구름 운 | 之 갈 지 | 情 뜻 정
- **출전** <신당서>의 적인걸전
- **뜻풀이** '구름을 바라보며 그리워한다'는 뜻으로, 고향을 떠난 자식이 부모를 그리워하는 애틋한 마음을 의미.

유래

당나라 고종 때 적인걸이라는 이름난 신하가 있었어요. 그는 형주의 법조참군으로 임명되어 고향인 하양을 떠나게 되었어요.

형주로 간 적인걸은 부모님 생각이 날 때마다 태항산(태행산)에 올라 흰 구름을 바라보며 주위 사람들에게 이렇게 말했어요.

"저 구름 아래에 내 부모님이 살고 계시다네."

그는 오랫동안 그 자리에 머물러 눈물짓다가 구름이 흘러간 뒤에야 산을 내려오고는 했어요.

비슷한 고사성어
백운친사(白雲親舍)
멀리 떠나온 자식이 어버이를 그리워함.

맹모단기 孟母斷機

- **한자**: 孟 성씨 맹 | 母 어미 모 | 斷 끊을 단 | 機 틀 기
- **출전**: <열녀전>
- **뜻풀이**: '맹자의 어머니가 베틀을 끊었다'는 뜻으로, 학문을 중간에 그만두면 아무 쓸모가 없음을 의미.

유래

어느 날, 고향을 떠나 열심히 공부하던 맹자가 어머니가 보고 싶어 집으로 돌아왔어요.

베틀 앞에 앉아 베를 짜고 있던 맹자의 어머니는 아들을 보자 몹시 반갑고 기뻤지만 속마음을 감추고 말했어요.

"공부를 다 마치고 돌아온 것이냐?"

"아직 마치지 못했습니다."

그러자 맹자의 어머니는 칼로 베틀을 끊어 버리고는 엄한 표정을 지으며 아들을 꾸짖었어요.

"네가 공부를 그만두고 돌아온 것은 내가 짜고 있는 베틀을 끊어 버리는 것과 같으니라."

그 말을 들은 맹자는 자신의 잘못을 반성하며 곧바로 돌아가서 더욱 열심히 공부했어요. 그 후 맹자는 훌륭한 학자가 되었어요.

맹모삼천 孟母三遷

- **한자**: 孟 성씨 맹 | 母 어미 모 | 三 석 삼 | 遷 옮길 천
- **출전**: <열녀전>
- **뜻풀이**: '맹자의 어머니가 아들의 교육을 위해 집을 세 번이나 옮겼다'는 뜻으로, 교육에는 주위 환경이 중요함을 이르는 말.

유래

맹자는 어려서 아버지를 여의고 어머니와 단둘이 살았어요. 맹자의 어머니는 자식 교육에 모든 정성을 쏟아붓는 사람이었지요.

맹자가 어릴 때 묘지 가까이에 살았는데, 맹자는 심심할 때마다 늘 장사 지내는 흉내를 냈어요. 그것을 본 맹자의 어머니는 그곳이 교육에 별 도움이 안 된다고 여겨 시장 가까이 이사를 갔어요.

그런데 이번에는 맹자가 물건을 사고파는 흉내를 내는 것이었어요. 맹자의 어머니는 이번에는 서당 가까이 이사를 했어요. 그러자 맹자는 글공부하는 흉내를 냈고, 예의를 갖춰 행동하는 모습을 따라 하며 놀았어요.

"이곳이야말로 내 아들을 가르치기에 알맞은 곳이구나."

맹자의 어머니는 비로소 마음이 놓였어요. 맹자의 어머니가 아들 교육을 위해 세 번 이사한 데서 이 고사성어가 생겼어요.

명경지수 明鏡止水

- **한자** 明 밝을 명 | 鏡 거울 경 | 止 그칠 지 | 水 물 수
- **출전** <장자>의 덕충부 편
- **뜻풀이** '맑은 거울과 고요한 물'이라는 뜻으로, 티끌 하나 없이 깨끗한 마음을 비유하는 말.

유래

춘추 시대, 노나라의 왕태는 죄를 지어 형벌을 받고 외다리가 되었어요. 하지만 그는 공자와 맞먹을 만큼 많은 제자들을 거느렸어요. 어느 날, 제자 상계가 공자에게 물었어요.

"스승님, 왕태는 학문을 제대로 가르치지도 않고, 도를 논하지도 않는데 많은 청년들이 제자가 되려 하고, 제자가 되어서는 학식이 가득 차서 돌아온다고 합니다. 도대체 그 까닭이 무엇입니까?"

그러자 공자가 대답했어요.

"사람은 자신의 모습을 비추어 보고자 할 때 흐르는 물이 아닌 고요하게 정지되어 있는 물을 거울로 삼아야 한다. 고요한 것만이 모든 것을 고요하게 할 수 있기 때문이지. 이처럼 흔들리지 않는 마음을 가진 사람만이 다른 사람의 마음을 평화롭게 할 수 있는데, 왕태가 바로 그런 사람이다. 그는 감각이나 쾌락에 이끌리지 않고 덕이 조화를 이루는 상태에서 사물의 본질만을 꿰뚫어 볼 줄 아는 것이다. 그러니 그를 따르는 제자들이 많고, 하나같이 큰 가르침을 얻는 것은 당연한 일이니라."

모순 矛盾

- **한자** 矛 창 모 | 盾 방패 순
- **출전** <한비자>의 난일 난세 편
- **뜻풀이** '창과 방패'라는 뜻으로, 말이나 행동의 앞뒤가 맞지 않음을 뜻함.

유래

전국 시대, 초나라에 창과 방패를 파는 상인(장수)이 있었어요.
"여기 보십시오! 이 창은 어찌나 날카롭고 단단한지 무엇이든 다 뚫을 수 있지요."
그는 목청을 높여 소리쳤어요.
그리고 창을 내려놓더니 이번에는 방패를 들고 외쳤어요.
"이 방패는 아주 튼튼해서 어떤 것으로도 뚫을 수가 없습니다."
그때 한쪽에 서 있던 사람이 앞으로 나서며 말했어요.
"당신 말은 앞뒤가 맞지 않는구려. 무엇이든 뚫을 수 있는 창과 어떤 것으로도 뚫을 수 없는 방패라니, 그럼 당신이 파는 창으로 당신이 파는 방패를 찌르면 어떻게 된단 말이오?"
그 말에 상인은 얼굴이 새빨개지더니 아무 말도 못 하고 달아나 버렸어요.

비슷한 고사성어
자가당착(自家撞着)
같은 사람의 말이나 행동이 앞뒤가 서로 맞지 않고 모순된다는 뜻.

목불식정 目不識丁

- **한자**: 目 눈 목 | 不 아닐 불 | 識 알 식 | 丁 고무래 정
- **출전**: <구당서>의 장홍정전
- **뜻풀이**: 눈으로 고무래를 보면서도 '정(丁)' 자를 알지 못할 만큼 어리석고 무식한 사람을 이르는 말.

유래

당나라 때 유주 지방에 장홍정이라는 사람이 있었어요. 그는 배움도 짧고 능력도 부족했지만 집안 대대로 나라에 공을 세운 덕분에 절도사 벼슬에 올랐지요.

하지만 장홍정은 날마다 잔치를 열고 즐기는 데 빠져 지냈어요.

보다 못한 사람들이 잘못을 지적하면 장홍정은 반성은커녕 불같이 화를 내며 업신여기는 말을 내뱉었어요.

"네놈들은 고무래를 앞에 놓고도 '정(丁)' 자를 모를 만큼 어리석고 무식해!"

결국 부하 관리들이 반란을 일으켜 장홍정을 가두고 그를 따르던 자들에게 매질을 했어요.

이 소식을 들은 당나라 황제는 장홍정의 관직을 빼앗아 버렸어요.

비슷한 고사성어: 일자무식(一字無識)
한 글자도 모를 정도로 무식함.

문일지십 聞一知十

- **한자** 聞 들을 문 | 一 한 일 | 知 알 지 | 十 열 십
- **출전** <논어>의 공야장 편
- **뜻풀이** 하나를 들으면 열을 알 만큼 총명함.

유래

공자에게는 3,000명이 넘는 많은 제자가 있었어요. 그중 가장 뛰어난 인물인 안회는 가난했지만 총명해서 공자의 사랑을 받았어요.

자공이라는 제자도 안회 못지않게 재능이 뛰어났어요. 말솜씨가 좋아 외교에서 뛰어난 능력을 발휘했고, 재산을 모으는 재주가 있어 공자 학파가 경제적으로 안정을 이루는 데 많은 도움을 주었지요.

하지만 공자는 자공보다는 안회를 훨씬 더 높이 평가했어요. 자공은 교만한 면이 있었기 때문이지요.

어느 날, 공자가 자공의 마음을 떠 보기 위해 넌지시 물었어요.

"너와 안회 중에 누가 더 나은 것 같으냐?"

그러자 자공이 대답했어요.

"회는 하나를 들으면 열을 알고, 저는 하나를 들으면 겨우 둘을 알 뿐인데 제가 어찌 감히 그보다 낫기를 바라겠습니까!"

자공의 대답에 공자가 덧붙였어요.

"자네뿐 아니라 나도 회를 따르지 못하는 점이 있다네."

문전성시 門前成市

- **한자** 門 문 문 | 前 앞 전 | 成 이룰 성 | 市 저자 시
- **출전** <한서>의 정숭전
- **뜻풀이** 문 앞이 시장을 이룰 만큼 찾아오는 사람이 많음을 뜻함.

유래

후한의 황제 애제가 술과 여인에 빠져 지내자 충신 정숭은 바른말을 계속했어요. 하지만 애제는 오히려 정숭을 멀리했지요.

그 무렵, 출세할 기회만 엿보던 간신 조창은 눈엣가시 같은 정숭을 제거하려고 애썼어요.

어느 날, 조창은 애제에게 정숭의 집에 많은 사람들이 드나드는 것을 보니 반역을 꾀하는 것 같다고 모함했어요. 그러자 화가 난 애제는 정숭을 잡아들여 물었어요.

"경의 집 앞에 시장을 이룰 만큼 많은 사람들이 모여든다는 게 사실인가?"

"네, 폐하. 소신의 집 문 앞에 아첨하는 무리가 장을 이룰 만큼 많이 찾아오는 것은 사실이옵니다. 하오나 소신의 마음은 물같이 깨끗하며 한 점 부끄럼도 없사옵니다."

정숭은 진심으로 말했지만 애제는 그 말을 듣지 않고 감옥에 가두었어요. 정숭은 결국 감옥에서 억울하게 죽고 말았어요.

비슷한 고사성어
문정약시(門庭若市)
'대문 안뜰이 시장과 같다'는 뜻으로, 집에 드나드는 사람이 많음을 비유한 말.

미봉책 彌縫策

- **한자**: 彌 미륵 미 | 縫 꿰맬 봉 | 策 꾀 책
- **출전**: <춘추좌씨전>의 환공 5년조
- **뜻풀이**: 터진 옷을 임시로 꿰매는 것처럼 문제를 근본적으로 해결하지 않고 눈가림만 하는 일시적인 계책.

유래

춘추 시대, 주나라의 환왕은 약해진 나라를 일으킬 방법을 찾다가 정나라를 공격하기로 했어요.

하지만 정나라를 다스리는 장공은 전차 부대를 앞세우고 보병을 뒤따르게 해 그 틈을 실로 꿰매어 연결시킨 듯한 미봉 전법으로 주나라 군사들을 크게 물리쳤어요.

이와 같이 '미봉책'은 본래 모자라는 부분을 빈틈없이 보완하는 전투 방식을 가리키는 말로 쓰였어요. 하지만 오늘날에는 '문제를 근본적으로 해결하지 않고 임시로 눈가림만 하려는 계책'을 뜻하는 말로 바뀌어 쓰이고 있지요.

비슷한 고사성어
인순고식(因循姑息)
낡은 관습이나 폐단에서 벗어나지 못하고 당장의 편안함을 취함.

미생지신 尾生之信

- **한자**: 尾 꼬리 미 | 生 날 생 | 之 갈 지 | 信 믿을 신
- **출전**: <사기>의 소진열전, <장자>의 도척 편
- **뜻풀이**: 신의가 두터운 것을 말하기도 하고, 반대로 너무 우직해 융통성이 없는 경우를 가리킴.

유래

노나라에 미생이라는 선비가 살았어요. 그는 약속을 하면 어떤 일이 있더라도 지키는 우직하고 정직한 사람이었어요. 그런 미생에게 사랑하는 여인이 생겼어요.

"미생님, 내일 밤 다리 밑에서 만났으면 해요."

"네, 꼭 만나요."

다음 날, 미생은 시간 맞춰 약속 장소로 나갔어요. 그러나 아무리 기다려도 여인은 나타나지 않았어요. 미생은 기대를 저버리지 않으려고 계속 다리 밑에서 기다렸어요.

그때 갑자기 장대비가 쏟아지면서 강물이 점점 불어나 세차게 밀려왔어요. 어느새 황톳물이 미생의 가슴까지 차올랐지요.

'아, 그녀는 왜 이리 늦을까?'

오지 않는 여인을 기다리다 세찬 물살에 휩쓸린 미생은 빠져나오지 못하고 죽고 말았어요.

반포지효 反哺之孝

- **한자** 反 돌이킬 반 | 哺 먹일 포 | 之 갈 지 | 孝 효도 효
- **출전** 이밀의 <진정표>
- **뜻풀이** 어미를 먹여 살리는 까마귀에 빗대어 부모에 대한 자식의 지극한 효심을 가리킴.

유래

진나라 무제 때의 사관 이밀은 까마귀를 특별하게 생각했어요.
"까마귀는 시체를 뜯어먹고 까악까악 기분 나쁜 울음소리를 내지만 늙은 어미를 돌보는 효성스러운 새이기도 하지."
어느 날, 이밀은 무제의 부름을 받고 황급히 궁궐로 달려갔어요. 무제가 높은 벼슬을 내렸지만 이밀은 받지 않았어요.
"그대는 짐의 성의를 무시하는 건가?"
무제가 화를 내자 이밀이 담담한 표정으로 아뢰었어요.
"저도 어미를 돌보는 까마귀처럼 할머니께서 돌아가실 때까지 편안히 모시도록 허락해 주소서."
이밀은 할머니를 곁에서 돌봐 드리려고 벼슬을 사양한 것이었어요.
까마귀는 새끼가 태어나면 두 달 정도 어미가 먹이를 물어다 주는데, 다 자란 새끼는 어미에게 먹이를 물어다 준다고 해요. 그래서 까마귀를 자오(慈烏, 자상한 새) 또는 반포조(反哺鳥, 어미에게 먹이를 물어다 주는 새)라고 해요.

발본색원 拔本塞源

- **한자**: 拔 뽑을 발 | 本 근본 본 | 塞 막을 색 | 源 근원 원
- **출전**: <춘추좌씨전>의 소공 9년조
- **뜻풀이**: 뿌리를 뽑고 샘을 덮듯이 어떤 문제를 해결할 때 근원까지 철저히 파헤친다는 뜻.

유래

춘추 시대, 주나라의 소공은 자신의 백부(큰아버지)인 주공에 대해 이렇게 말했어요.

"나에게 큰아버지가 계시다는 것은 의복에 갓과 면류관이 있음과 같고, 나무에 뿌리가 있음과 같다. 또한 물에 물줄기가 있음과 같고, 백성에게 지혜로운 임금이 있는 것과 같다. 만약 백부께서 뿌리를 뽑고 샘을 덮어 버리고 그 지혜로운 임금을 버린다면 비록 오랑캐 무리라 할지라도 그 누가 백부 곁에 남겠는가?"

나무의 뿌리를 뽑고 물의 근원인 샘을 덮어 버리는 일보다 못된 행동은 없겠지요. 이는 백성을 다스리는 제후가 그런 일을 한다면 단 한 사람도 곁에 남아 있지 않는다는 말이에요. 여기에서 뿌리를 뽑고 샘물을 덮는 일은 백성을 괴롭히는 포악한 정치를 말해요.

오늘날에는 어떤 못된 일이나 부정한 일을 샅샅이 파헤친다는 의미로 쓰이지요.

배수진 背水陣

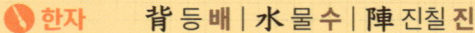

- **한자** 背 등 배 | 水 물 수 | 陣 진칠 진
- **출전** <사기>의 회음후열전
- **뜻풀이** '물을 등지고 진을 친다'는 뜻으로, 어떤 일에 죽을 각오를 하고 나서는 것을 말함.

유래

한나라의 한신은 위나라를 무찌른 다음 조나라로 쳐들어갔어요. 조나라는 재빨리 국경에 성을 쌓고 20만 대군을 배치했지요.

한신이 강을 등진 채 진을 치자 조나라 군사들이 비웃었어요.

"강을 등지고 진을 치다니, 어리석기는!"

한신이 본대를 이끌고 다가오자 조나라 군사들이 성 밖으로 나와 싸움을 벌였어요. 밀고 밀리다 한신이 갑자기 후퇴 명령을 내렸어요.

조나라 군사들이 한신의 군대를 뒤쫓자 미리 배치해 놓은 한신의 기병대가 재빨리 조나라 성 안으로 들어가 한나라 깃발을 꽂았어요.

한신을 따라 후퇴하던 군사들은 강 앞에 이르렀어요. 더 이상 물러날 곳이 없자 죽을힘을 다해 싸워 조나라 대군을 물리쳤지요.

"장군, 병법에서는 산을 뒤에 두고 물을 앞으로 해서 싸우라고 했는데 장군은 물을 등지고 싸워 이겼군요. 대체 무슨 병법이오?"

장군들이 묻자 한신은 껄껄 웃으며 말했어요.

"어느 병서에 스스로 죽을 처지에 몰아넣으면 비로소 삶을 얻는다는 내용이 나온다네. 배수진은 그 병서의 내용을 응용한 것이지."

・배은망덕 背恩忘德

- **한자** 背 등 배 | 恩 은혜 은 | 忘 잊을 망 | 德 덕 덕
- **출전** 알 수 없음
- **뜻풀이** 남에게 입은 은혜를 저버리고 배반하는 태도.

유래

옛날, 부모님을 일찍 여의고 오갈 데 없는 아이가 있었어요. 어느 날, 그 아이는 부잣집에 가서 구걸을 했어요.

"찬밥이라도 조금만 주세요."

주인마님은 아이가 불쌍해 따뜻한 밥을 한 상 차려 주었어요. 그리고 아이의 딱한 사정을 듣고는 자기 집으로 들어와 농사일을 배우라고 했어요. 그리하여 아이는 그 집에서 머슴살이를 하게 되었지요.

아이가 청년이 되자 주인은 결혼을 시켜 행랑채에서 살게 했어요. 그러던 어느 날, 청년이 주인에게 말했어요.

"제가 어릴 적부터 머슴살이한 품삯을 모두 주세요. 논 열 마지기가 넘고……."

그러자 주인이 호통쳤어요.

"배은망덕한 놈! 오갈 데 없는 너를 농사일 가르치며 키웠는데 그 공을 모른단 말이냐?"

사실 주인은 논밭을 떼어 주고 아들로 삼을 생각이었어요. 배은망덕한 행동 때문에 청년의 식구들은 쫓겨나 다시 거지가 되었어요.

백년하청 百年河淸

- **한자** 百 일백 백 | 年 해 년 | 河 물 하 | 淸 맑을 청
- **출전** <춘추좌씨전>의 양공 8년조
- **뜻풀이** '백 년을 기다려도 황허강이 맑아지지 않는다'는 뜻으로, 아무리 오랜 시간을 기다려도 이루어지기 어려움을 이르는 말.

유래

정나라가 초나라의 속국이었던 채나라를 공격하자 초나라는 정나라를 공격했어요. 이에 다급해진 정나라는 대책 회의를 열었어요.

회의에서는 두 가지 의견이 부딪혔어요. 하나는 초나라에 항복하자는 것이었고, 다른 하나는 진나라에 지원을 요청해 초나라를 정벌하자는 것이었지요.

초나라에 항복하자고 주장한 신하들 중 자사가 말했어요.

"주나라 시에 '황허강의 흐린 물이 맑아지기를 기다리다 보면 사람은 늙어 죽고 만다'는 내용이 있지요. 이런저런 계책을 늘어놓다 보면 혼란만 더해질 뿐이니 지금은 초나라에 항복해 백성들을 위험에서 구하는 것이 먼저입니다."

이 말에는 진나라의 지원병이 오기를 기다리는 것은 막막하다는 뜻이 포함되어 있어요. 결국 정나라는 초나라와 화친을 맺고 위기에서 벗어났답니다.

백문불여일견 百聞不如一見

- **한자** 百 일백 백 | 聞 들을 문 | 不 아닐 불 | 如 같을 여 | 一 한 일 | 見 볼 견
- **출전** <한서>의 조충국전
- **뜻풀이** '백 번 듣는 것이 한 번 보는 것만 못하다'는 뜻으로, 무엇이든 직접 경험해 봐야 확실히 알 수 있다는 말.

유래

한나라 선제 때 유목 민족인 강족이 반란을 일으켰어요. 반란을 진압하기 위해 나선 한나라 군사들은 막강한 강족 세력에게 크게 지고 말았어요.

선제는 명장 조충국을 불러 토벌군을 지휘할 대장으로 누가 적당한지 물었어요. 그러자 조충국이 대답했어요.

"신이 비록 늙기는 했으나 토벌군 대장으로 저보다 나은 자가 없습니다."

"그렇다면 강족을 진압할 좋은 방법이 있는가? 병력은 얼마나 필요하겠는가?"

"백 번 듣는 것이 한 번 보는 것만 못합니다. 군사의 일은 멀리 떨어져 계획을 짜기가 어려운 법이니 소신이 당장 달려가서 현지 상황을 살핀 뒤에 답을 드리겠습니다."

"그 말이 옳도다."

선제의 허락을 받은 조충국은 곧바로 금성으로 가 정세를 파악한 후 반란을 진정시켰어요.

백미 白眉

- **한자**: 白 흰 백 | 眉 눈썹 미
- **출전**: <삼국지> '촉서'의 마량전
- **뜻풀이**: 여럿 가운데 가장 뛰어난 사람이나 물건을 말함.

유래

촉나라에 마량이라는 사람이 있었어요. 그는 유비의 여러 신하 중 가장 뛰어난 인물로, 눈썹에 흰 털이 섞여 있어 '백미(白眉)'라고 불렸어요.

마량에게는 다섯 형제가 있었는데 모두 재주가 뛰어나 이름이 나 있었지요. 하지만 다섯 형제 중에서도 마량이 가장 돋보였어요.

"마씨 집안의 다섯 형제가 모두 뛰어나지만 그중에서도 흰 눈썹이 가장 훌륭하다."

사람들은 입을 모아 마량을 칭찬했어요.

이후 '백미'는 '여럿 중 가장 우수한 사람'을 가리키는 말로 쓰이게 되었어요.

비슷한 고사성어

압권(壓卷)
여러 책이나 작품 중에 가장 뛰어난 것을 일컫는 말.

백발백중 百發百中

- **한자**: 百 일백 백 | 發 필 발 | 百 일백 백 | 中 가운데 중
- **출전**: <사기>의 주본기, <춘추좌씨전>의 성공 16년
- **뜻풀이**: '백 번 쏘아 백 번 다 맞힌다'는 뜻으로, 일마다 실패 없이 잘된다는 말.

유래

초나라의 장왕이 이웃 나라를 정벌하러 간 사이 반란을 일으킨 투월초는 강가에 진을 치고, 돌아오는 장왕의 군대를 막아섰어요.

"너희 중에 나와 활로 대결할 자가 있느냐?"

투월초가 외치자 날아오는 화살도 막아 내는 양유기가 나섰어요.

투월초가 먼저 두 발의 화살을 쏘았어요. 그러자 양유기는 첫 번째 화살은 활로 쳐서 떨어뜨리고, 두 번째 화살은 몸을 숙여 피했어요.

"대장부가 몸을 피하다니, 부끄럽지 않으냐?"

당황한 투월초가 외쳤어요.

"좋다! 이번에는 피하지 않겠다."

양유기는 꼿꼿이 서서 날아오는 화살을 이로 받아 물었어요.

"나는 단 한 발로 승부를 가리겠다."

양유기가 투월초를 향해 빈 시위를 퉁겼어요. 투월초는 화살이 날아오는 줄 알고 재빨리 몸을 기울였어요. 바로 그 순간, 양유기는 투월초의 머리를 향해 활을 쏘아 명중시켰어요. 이로써 반란은 완전히 진압되었지요.

백아절현 伯牙絶絃

- **한자** 伯 맏 백 | 牙 어금니 아 | 絶 끊을 절 | 絃 줄 현
- **출전** <열자>의 탕문 편
- **뜻풀이** '백아가 스스로 거문고의 줄을 끊는다'는 뜻으로, 절친한 벗의 죽음을 슬퍼한다는 의미.

유래

춘추 시대, 거문고의 명인 백아에게는 종자기라는 친구가 있었어요. 백아의 연주를 진심으로 이해하고 감상할 줄 아는 사람이었지요.

"자네의 연주를 들으면 어느 때는 태산이 솟아오르는 듯하고, 어느 때는 강물이 흐르는 것처럼 평화롭다네. 정말 훌륭해."

종자기는 백아의 뛰어난 거문고 실력에 감탄했어요.

그런데 안타깝게도 종자기가 병에 걸려 세상을 떠나고 말았어요. 몹시 슬퍼하던 백아는 거문고를 부수고 줄을 끊어 버렸어요.

"내 연주를 알아주는 이는 오직 종자기뿐이었다. 이제 그가 없으니 세상에서 그 누가 나를 알아주겠는가!"

이후 백아는 두 번 다시 거문고를 연주하지 않았어요.

비슷한 고사성어

지음(知音)
'거문고 소리를 듣고 안다'는 뜻으로, 자기의 속마음까지 알아주는 친구를 말함.

부화뇌동 附和雷同

- **한자**: 附 붙을 부 | 和 화할 화 | 雷 우레 뇌 | 同 한가지 동
- **출전**: <예기>의 곡례 편
- **뜻풀이**: 천둥이 치면 만물이 움직이는 것처럼 남의 의견을 무조건 따른다는 뜻.

유래

<예기>의 곡례 편에 다음과 같은 내용이 실려 있어요.

용모를 단정히 하고, 말씀을 들을 때는 공손히 하라.
다른 사람의 의견을 취하여 자기 의견인 것처럼 말하지 말고,
다른 사람의 말을 듣고 자신의 주장 없이 무조건 따르지 마라.
옛 성현을 모범으로 삼고 선왕의 가르침에 따라 이야기하라.

'뇌동'은 천둥이 쳐 큰 소리가 나면 만물도 이에 따라 울린다는 뜻이에요. '부화뇌동'은 자신의 생각이나 판단 없이 남의 의견을 무조건 따르는 것을 경계하는 말로 쓰여요.

비슷한 고사성어

아부뇌동(阿附雷同)
자기 의견 없이 남의 말에 아부하며 동조하는 것을 의미함.

사면초가 四面楚歌

- **한자** 四 넉 사 | 面 낯 면 | 楚 초나라 초 | 歌 노래 가
- **출전** <사기>의 항우본기
- **뜻풀이** '사방에서 초나라의 노래가 들린다'는 뜻으로, 적들에게 둘러싸인 다급한 상황을 가리킴.

유래

초나라의 항우가 한나라와 대립할 때였어요. 많은 군사를 잃은 항우는 힘겨운 싸움을 벌이던 중 해하라는 곳에서 한나라 유방의 대군에게 포위당했어요.

항우는 답답하고 허탈한 마음으로 부대 앞에 나와 앉아서 한숨을 쉬고는 했어요.

그런데 밤만 되면 어디선가 고향에서 듣던 초나라의 노랫소리가 들려오는 것이었어요. 날이 갈수록 노랫소리는 점점 더 널리 울려 퍼졌어요. 군사들 중에는 그 노래를 듣고 고향이 그리워 눈물을 흘리는 이들도 많았지요.

"아! 적군들 틈에서 초나라 노래가 울려 퍼지는 것을 보니 한나라가 이미 점령한 것인가!"

항우는 땅을 치면서 한탄했어요.

사실, 사방에서 들린 초나라 노래는 유방이 자기 군사들을 시켜 부르게 한 것이었어요. 항우와 초나라 군사들의 사기를 떨어뜨리기 위한 이 전략으로 유방은 항우를 물리칠 수 있었어요.

사이비 似而非

- **한자**: 似 같을 사 | 而 말 이을 이 | 非 아닐 비
- **출전**: <맹자>의 진심 하편, <논어>의 양화 편
- **뜻풀이**: 겉으로 보기에는 비슷하지만 실제로는 다른 것을 말함.

유래

어느 날, 맹자의 제자 만장이 물었어요.
"스승님, 어떤 마을에서 사람들이 모두 성실한 사람이라고 칭송하면 그는 어디를 가든 훌륭한 사람이 아닌지요? 그런데 공자께서는 그를 덕을 해치는 자라고 비난하시는데, 그 까닭이 무엇입니까?"
그러자 맹자가 대답했어요.
"그런 자는 집안에서 충실하고 신의가 있으며, 밖에서도 행실이 청렴하고 고결해 모든 사람들이 좋아한다. 하지만 스스로 옳다고 여겨서 자기만족에 빠져 도를 구하려 애쓰지 않는다. 그처럼 겉으로는 그럴 듯해 보이지만 실제로는 덕을 어지럽히기 때문에 그리 말씀하시는 것이다."

비슷한 고사성어

양질호피(羊質虎皮)
'속은 양이고, 거죽은 호랑이'라는 뜻으로, 본바탕은 아름답지 않으면서 겉모양만 꾸미는 것을 비유하는 말.

• 사족 蛇足

- 한자   蛇 뱀 사 | 足 발 족
- 출전   <전국책>의 '제책', <사기>의 초세가
- 뜻풀이   '뱀의 발을 덧붙여 그린다'는 뜻으로, 쓸데없는 일을 하다가 일을 그르치는 것을 비유함.

유래

전국 시대, 초나라의 어떤 주인이 하인들에게 술 한 주전자를 주었어요. 여러 사람이 나눠 마시기에는 양이 적어 하인들이 고민할 때 한 사람이 나서서 말했어요.

"땅바닥에 뱀을 한 마리씩 그려 제일 먼저 완성한 사람이 이 술을 다 마시기로 하세."

모두 찬성하고 땅바닥에 뱀을 그리기 시작했어요.

잠시 후 가장 먼저 그린 사람이 술을 차지했어요. 그는 술 주전자를 들고 한 모금 마신 뒤 흥에 겨워 말했어요.

"내 손이 얼마나 빠른지 봤지? 나는 뱀의 발까지 그리라고 해도 자네들보다 빨리 그릴 수 있다네."

그가 거들먹거리면서 뱀의 발을 그리자 한 사람이 얼른 술 주전자를 낚아채며,

"뱀에게 있지도 않은 발을 그렸으니 그건 뱀이 아니지!"

하고는 술을 다 마셔 버렸어요.

뱀의 발을 그린 사람은 할 말을 잃은 채 멍하니 서 있었어요.

삼고초려 三顧草廬

- **한자**: 三 석 삼 | 顧 돌아볼 고 | 草 풀 초 | 廬 오두막집 려
- **출전**: <삼국지> '촉서'의 제갈량전
- **뜻풀이**: '초가집을 세 번이나 찾아간다'는 뜻으로, 인재를 얻기 위해 노력을 아끼지 않는다는 의미.

유래

후한 말, 유비는 조조에게 쫓겨 불리한 상황이었어요. 아직 다스릴 땅도 마련하지 못해 형주 땅으로 가 유표에게 의지하고 있었지요.

어느 날, 서서라는 사람이 제갈공명(제갈량)을 추천했어요.

"어서 그를 불러들이시오."

"그는 명령으로 불러들일 수 있는 사람이 아닙니다. 장군께서 직접 찾아가셔야 얻을 수 있으니 저와 함께 가시지요."

유비는 서서의 말대로 제갈공명의 초가집으로 찾아갔지만 집에 없어 만나지 못했어요. 두 번째 찾아갔을 때도 마찬가지였지요.

관우와 장비는 제갈공명이 유비를 욕보인다고 여겨 화가 났어요.

"인재를 얻는 데 이만한 수고는 해야 하지 않겠느냐?"

유비는 세 번째로 제갈공명의 집을 찾아가 드디어 만날 수 있었어요. 마주 앉아 많은 이야기를 나누는 동안 두 사람은 서로에게 깊은 신뢰를 느꼈지요.

마침내 제갈공명은 자존심을 버리고 먼 시골까지 세 번이나 찾아온 유비를 돕기로 결심했어요.

삼인성호 三人成虎

- **한자** 三 석 삼 | 人 사람 인 | 成 이룰 성 | 虎 범 호
- **출전** <전국책> '위책'의 혜왕
- **뜻풀이** '세 사람이 모이면 없던 호랑이도 만들어 낸다'는 뜻으로, 거짓말이라도 여럿이 말하면 진짜로 믿게 된다는 말.

유래

전국 시대, 힘이 약했던 위나라는 태자를 조나라에 볼모로 보내야 했어요. 신하 방총이 태자와 함께 조나라로 가게 되었지요. 방총은 자리를 비운 사이 모함을 당할까 봐 혜왕을 찾아갔어요.

"폐하, 만약 한 사람이 저잣거리에 호랑이가 나타났다고 아뢰면 믿으시겠습니까?"

"그 말을 누가 믿겠는가?"

"만약 두 사람이 저잣거리에 호랑이가 나타났다고 아뢰면 믿으시겠습니까?"

"그 말도 누가 믿겠는가?"

"그럼 세 사람이 찾아와 똑같이 아뢰면 어찌시겠습니까?"

"그 말은 믿겠네."

혜왕의 대답을 들은 방총이 말했어요.

"저잣거리에 호랑이가 나타날 리 없지만 세 사람이 똑같이 말하면 믿게 되는 게 세상입니다. 제가 조정을 비운 사이 저를 모함하는 무리가 나타날 것입니다. 폐하께서는 그 점을 헤아려 주소서."

상전벽해 桑田碧海

- **한자** 桑 뽕나무 상 | 田 밭 전 | 碧 푸를 벽 | 海 바다 해
- **출전** <신선전>, <태평어람>
- **뜻풀이** 뽕나무밭이 푸른 바다가 되는 것과 같은 세상의 큰 변화를 말함.

유래

<신선전>에 실린 마고 선녀 이야기예요.
어느 날, 마고가 왕방평을 찾아와 말했어요.
"제가 신선님을 모신 지 오래돼 뽕나무밭이 세 번이나 푸른 바다로 바뀌었지요. 이번에 봉래에 올라가 보니 전보다 물이 반이나 줄어 바다가 더욱 얕아졌더군요. 다시 육지가 되려나 봅니다."
<태평어람>에 실린 이야기도 있어요.
옛날, 세 노인이 누가 형이고 아우인지 정하기로 했어요.
"내가 어렸을 때는 반고가 나기 전이었다네."
"나는 바다가 뽕나무밭으로 변할 때마다 산가지를 하나씩 놓았는데, 그 산가지가 열 채의 집에 가득 찼다네."
두 노인의 말을 듣고 난 세 번째 노인이 말했어요.
"우리 스승님께서 반도를 드시고 곤륜산 아래에 묻은 씨에서 싹이 자란 나무가 지금은 곤륜산보다 높고 크다네."
반고는 세상을 창조한 신이고, 반도는 심은 지 3,000년이 지나야 꽃이 피고 다시 3,000년이 흘러야 열린다는 복숭아예요.

새옹지마 塞翁之馬

- **한자** 塞 변방 새 | 翁 늙은이 옹 | 之 갈 지 | 馬 말 마
- **출전** <회남자>의 인간훈
- **뜻풀이** '변방 늙은이의 말'이라는 뜻으로, 세상의 길흉화복은 예상하기가 힘들다는 의미.

유래

옛날, 만리장성 근처에 앞일을 내다볼 줄 아는 노인이 살았어요. 사람들은 그가 변방에 산다 하여 '새옹'이라고 불렀지요.

어느 날, 노인이 기르던 말이 사라지자 마을 사람들이 위로를 해 주었어요. 노인은 걱정해 주는 사람들에게 담담하게 말했어요.

"이것이 복이 될지 어찌 알겠소?"

얼마 뒤, 사라졌던 말이 야생마를 데리고 돌아왔어요. 그러자 마을 사람들이 축하해 주러 찾아왔어요.

하지만 노인은 어두운 표정을 지으며 말했어요.

"이것이 해가 될지 어찌 알겠소?"

아니나 다를까. 야생마를 길들이던 노인의 아들이 말에서 떨어져 다리를 다쳤어요. 그러자 마을 사람들이 노인을 위로했어요.

"이게 복이 될지 어찌 알겠소?"

몇 년 후, 전쟁이 일어나 젊은이들이 전쟁터로 불려 나갔지만 다리를 다친 노인의 아들은 남게 되었어요. 전쟁에 나간 젊은이 대부분 목숨을 잃었지만 노인의 아들은 무사했지요.

소탐대실 小貪大失

- **한자** 小 작을 소 | 貪 탐할 탐 | 大 큰 대 | 失 잃을 실
- **출전** 춘추 전국 시대 북제 유주의 <신론>
- **뜻풀이** 작은 것을 탐하다가 훨씬 더 큰 것을 잃음.

유래

촉나라 왕은 욕심이 많아 재물을 거두어들이는 데 힘썼어요. 부유한 촉나라가 부러웠던 이웃 진나라 왕이 빼앗으려고 꾀를 냈어요.

진나라 왕은 조각하는 사람을 불러 큰 황소를 만들게 했어요. 그러고는 붉은 비단으로 덕석(추울 때 소의 등을 덮어 주는 멍석)을 만들어 덮고, 붉은 꽃송이로 장식을 한 다음 힘센 장정들에게 진나라로 가는 길에 황소를 앞세워 끌고 가도록 했어요. 소가 지나간 자리에 황금 덩어리를 군데군데 떨어뜨려 놓고 황금똥을 누는 금소가 있다는 소문을 퍼뜨렸지요.

진나라 왕은 촉나라에 사람을 보내 전했어요.

"우리 두 나라가 힘을 합쳐 금소가 지나갈 수 있는 큰길을 뚫는다면 황금똥을 누는 금소를 선물로 보내겠습니다."

그 말을 들은 촉나라 왕은 기뻐하며 힘센 장정들을 보내 산을 뚫고 계곡을 메워 금소가 지날 수 있는 큰길을 냈어요. 진나라 왕은 이때다 하고 새 길로 쳐들어가 촉나라를 점령했어요.

비슷한 고사성어
과유불급(過猶不及)
'지나친 것은 부족한 것만 못하다'는 뜻으로, 과한 욕심을 부리지 말라는 뜻.

수구초심 首丘初心

- **한자**: 首 머리 수 | 丘 언덕 구 | 初 처음 초 | 心 마음 심
- **출전**: <예기>의 단궁 상편
- **뜻풀이**: '여우는 죽을 때 머리를 자기가 살던 굴 쪽으로 향한다'는 뜻으로, 죽어서라도 고향을 그리워하는 마음 또는 근본을 잊지 않는 것을 의미함.

유래

주나라 초기의 정치가인 강태공 여상은 문왕과 무왕을 도와 은나라를 무찌른 충신이었어요.

그는 자신을 알아주는 사람이 나타날 때까지 바늘 없는 낚시를 드리운 채 강가에서 세월을 보낸 사람으로 유명해요.

그를 알아준 사람은 주나라의 무왕이었어요. 강태공은 무왕을 도와 은나라를 멸망시킨 공으로 제나라의 제후가 되어 5대에 걸쳐 그곳을 다스리다가 죽었어요.

하지만 강태공은 고향 주나라에서 장례를 치렀답니다.

비슷한 고사성어

호마망북(胡馬望北)
'북풍이 불 때마다 머리를 들어 북쪽을 바라본다'는 뜻으로, 고향을 매우 그리워함을 비유.

수어지교 水魚之交

- 한자: 水 물 수 | 魚 물고기 어 | 之 갈 지 | 交 사귈 교
- 출전: <삼국지> '촉서'의 제갈량전
- 뜻풀이: '물과 물고기의 사귐'이란 뜻으로, 친밀한 관계를 이르는 말.

유래

삼국 시대, 촉나라 유비는 세 번씩이나 제갈공명의 초가집으로 찾아갔어요.

"이미 한나라 왕실은 무너지고 천하에 간신들이 날뛰고 있소. 이런 세상을 바로잡으려고 하나 지혜가 턱없이 부족하여 선생의 도움이 필요하오. 아무쪼록 선생께서 도와주시오."

유비의 간곡한 청에 감동한 제갈공명은 그를 도와주기로 했어요. 유비는 제갈공명의 지략에 따라 나라를 다스려 나갔어요. 그를 신하로 대하기보다 스승으로 여기며 공경했지요.

그러자 관우와 장비가 불만을 터뜨렸어요.

"형님과 제갈공명은 엄연히 군주와 신하의 관계인데, 어찌 그리 대하십니까?"

그러자 유비는 진지한 표정을 지으며 말했어요.

"나에게 제갈공명은 마치 물과 물고기의 사귐과 같으니, 두 번 다시 그런 말을 하지 마라."

순망치한 脣亡齒寒

- 한자 　脣 입술 순 | 亡 망할 망 | 齒 이 치 | 寒 찰 한
- 출전 　<춘추좌씨전>의 희공 5년조
- 뜻풀이 　'입술이 없으면 이가 시리다'는 말로, 이해관계가 긴밀하게 얽혀 있는 둘 중 한 쪽이 망하면 다른 쪽도 피해를 입게 되는 것을 의미함.

유래

　　춘추 시대 말, 진나라의 헌공은 작은 나라들을 병합해 세력을 크게 넓혔는데, 우나라와 괵나라도 진나라에 병합될 위기에 놓였지요.
　　괵나라를 치려면 우나라 땅을 지나야 해서 헌공은 우나라 왕에게 길을 내 달라고 했어요. 그러자 현명한 신하 궁지기가 말했어요.
　　"폐하, 우리의 울타리 같은 괵나라가 망하면 우리도 망하고 말 것입니다. 옛말에 '입술이 없으면 이가 시리다'고 했지요. 괵나라와 우리의 관계가 그러하오니 진나라에 길을 내주면 안 됩니다."
　　궁지기의 말이 옳았지만 왕은 생각이 조금 달랐어요.
　　"경의 말이 맞는 부분도 있으나 진나라는 우리와 같이 주나라에서 갈라져 나온 동족이니 쉽게 공격하지는 않을 것이다. 길을 내주지 않았다가 공연히 미움을 사서 공격을 받으면 어찌한단 말이냐!"
　　우나라 왕은 진나라에게 길을 내주었어요.
　　하지만 궁지기가 걱정한 대로 진나라는 괵나라를 점령하자마자 돌아가는 길에 우나라를 단숨에 멸망시켰답니다.

시시비비 是是非非

- **한자** 是 옳을 시 | 是 옳을 시 | 非 그를 비 | 非 그를 비
- **출전** <순자>의 수신 편
- **뜻풀이** 옳고 그름을 따지는 것.

유래

전국 시대, 조나라의 순자는 맹자와 쌍벽을 이루는 대학자였어요. 그는 사람은 태어날 때부터 악한 성질을 타고난다는 '성악설'을 주장하기도 했지요. 그의 언행을 적은 책 <순자> 수신 편에는 다음과 같은 내용이 담겨 있어요.

옳은 것을 옳다 하고,
그른 것을 그르다 하는 것이 지혜다.
반면에 옳은 것을 그르다 하고,
그른 것을 옳다고 하는 것이 어리석음이다.

옳고 그름을 밝히는 게 바로 시시비비(是是非非)예요.

아전인수 我田引水

- **한자** 我 나 아 | 田 밭 전 | 引 끌 인 | 水 물 수
- **출전** 알 수 없음
- **뜻풀이** '자기 논에 물 대기'라는 뜻으로, 자신에게만 이롭게 생각하거나 행동하는 것을 이름.

유래

고려 시대 중기, 고성 땅에 몇 년간 가뭄이 계속되었어요.

오랜 가뭄으로 물이 귀해지자 농민들은 수로의 물을 서로 자기 논 쪽으로 끌어들이려고 다툼을 벌였지요.

결국 고을 원님이 직접 나서서 살펴본 다음 말했어요.

"이 일은 다툰다고 해결될 문제가 아니니 하루씩 돌아가면서 물을 대도록 하라. 가뭄이 더 심한 곳부터 순서대로 대면 될 것이다."

원님은 마을 곳곳을 둘러보며 다툼을 가라앉힌 후 관가로 돌아가면서 중얼거렸어요.

"서로 조금씩만 양보하면 다 해결될 일이거늘······."

원님이 혀를 끌끌 차자 다툼을 벌이던 농부들은 부끄러워 고개를 떨구었어요.

안하무인 眼下無人

- **한자**: 眼 눈 안 | 下 아래 하 | 無 없을 무 | 人 사람 인
- **출전**: 능몽초의 〈초각박안경기〉
- **뜻풀이**: '눈 아래에 사람이 없다'는 뜻으로, 몹시 교만해서 남을 업신여기는 것을 말함.

유래

명나라 송강부에 엄씨 성을 가진 부부가 살았어요.

아이를 갖게 해 달라고 날마다 기도하던 부부는 마침내 아들을 낳아 원하는 것은 무엇이든 다 들어주었어요.

제멋대로 자란 아들은 커서도 친구들과 어울려 방탕하게 세월을 보냈어요. 부모가 타일러도 말을 듣지 않고 나중에는 아버지와 주먹다짐까지 하는 지경에 이르렀지요.

"아이고, 우리가 아들을 잘못 키워서 눈 아래 아무도 없는 것처럼 구는 망나니가 되었구나."

부부는 땅을 치며 후회했지만 아들의 버릇을 고치기에는 너무 늦었어요.

본래 '안중무인(眼中無人)'으로 쓰이다가 훗날 이 고사성어와 같은 뜻으로 쓰이게 되었어요.

비슷한 고사성어
오만불손(傲慢不遜)
행동이나 태도가 거만하여 공손하지 못함.

양상군자 梁上君子

- **한자** 梁 대들보 양 | 上 위 상 | 君 임금 군 | 子 아들 자
- **출전** <후한서>의 진식전
- **뜻풀이** '대들보 위에 올라앉은 군자'라는 뜻으로, 도둑을 가리킴.

유래

후한 말, 태구현의 현감이었던 진식은 백성들을 잘 돌보고 일을 공정하게 처리해 존경을 받았어요. 하지만 심한 흉년이 들어 백성들이 고통을 받고 있었어요.

어느 날, 진식이 대청마루에서 책을 읽고 있는데 도둑이 들었어요. 도둑이 대들보 위에 숨은 것을 알아챈 진식은 시치미를 떼고 아들과 손자들을 대청으로 불러 책을 읽게 했어요.

"아무리 나쁜 사람이라도 처음부터 악한 마음은 없다. 잘못된 습성을 못 버리면 나중에 큰 죄인이 되지. 지금 저 대들보 위에 있는 군자도 그러한 경우이니라."

진식이 말을 마치자 대들보 위에 숨어 있던 도둑이 쿵 떨어졌어요. 도둑은 진식에게 무릎을 꿇고 용서를 빌었어요.

"죽을죄를 지었습니다. 아이들이 배고파 보채는 바람에……."

"요즘 굶는 이가 그대들뿐이겠는가. 그래도 나쁜 마음을 먹어서는 안 되네. 오늘 일은 아무도 모르게 할 테니 돌아가 열심히 살게."

진식은 도둑에게 옷감과 양식을 주어 돌려보냈어요.

양약고구 良藥苦口

- **한자**: 良 어질 **양** | 藥 약 **약** | 苦 쓸 **고** | 口 입 **구**
- **출전**: <사기>의 유후세가, <공자가어>의 육본 편, <설원>의 정간 편
- **뜻풀이**: '좋은 약은 입에 쓰다'는 뜻으로, 충언은 귀에 거슬리지만 이롭다는 말.

유래

진나라 시황제가 죽자 관리들이 백성들을 못살게 굴어 반란이 일어났어요. 유방과 항우도 군사를 일으켰어요. 유방은 진나라 궁궐로 쳐들어가 황제 자영의 항복을 받아 냈고, 궁궐과 온갖 보물까지 차지했지요.

"그 동안 전쟁 치르느라 고생했으니 이제 즐기면서 살아야겠어."

유방이 노는 재미에 빠지자 신하 번쾌가 나섰어요.

"노는 일에 정신을 빼앗기면 인심은 항우에게 기울 것입니다."

그러자 화가 난 유방은 번쾌의 목을 칠 기세였어요.

이번에는 현명한 참모 장량이 나섰어요.

"주군의 임무는 어지러운 세상을 안정시키고 백성을 돌보는 것입니다. 본래 충성스러운 말은 귀에 거슬리지만 행실에 이롭고, 좋은 약은 입에 쓰나 몸에는 이로운 법입니다. 번쾌의 말을 들으소서."

이후 유방은 신하들의 말에 따라 권세나 횡포를 부리지 않고 정치를 펴 진나라 백성들의 마음을 얻을 수 있었어요.

비슷한 고사성어
충언역이(忠言逆耳)
'바른말은 귀에 거슬린다'는 뜻.

어부지리 漁夫之利

- **한자** 漁 고기 잡을 **어** | 夫 지아비 **부** | 之 갈 **지** | 利 이로울 **리**
- **출전** <전국책>의 '연책'
- **뜻풀이** 둘이서 끊임없이 다투는 사이에 다른 사람이 이익을 얻는다는 말.

유래

연나라 소왕은 조나라가 침입하려 하자 소대라는 신하를 불렀어요.
"당장 조나라로 가 혜문왕을 설득해 주시오!"
"폐하, 염려하지 마십시오. 신이 꼭 설득하고 돌아오겠습니다!"
소대는 곧장 조나라로 가 혜문왕에게 말했어요.
"제가 오는 길에 희한한 구경을 했습니다. 큰 조개가 물가에서 입을 벌리자 황새가 날아들어 조갯살을 쪼았습니다. 놀란 조개가 입을 꽉 다물자 황새가 '이대로 있으면 너는 곧 말라 죽을 것이다.' 하니 조개가 '그전에 네가 먼저 굶어죽을 거야.' 하고 맞섰습니다. 그때 지나던 어부가 둘을 한꺼번에 잡아갔습니다."
소대는 혜문왕의 표정을 살피며 말을 이었어요.
"제 생각에 조개가 연나라이면 황새는 조나라입니다. 두 나라가 아무 이득 없는 전쟁을 일삼으면 어부 같은 진나라가 달려들어 꿀꺽 삼켜 버릴 것입니다."
"그대 말이 옳소. 조나라가 연나라를 치는 일은 없을 것이오."
소대의 뛰어난 말솜씨로 전쟁을 막을 수 있었어요.

연목구어 緣木求魚

- **한자**: 緣 인연 연 | 木 나무 목 | 求 구할 구 | 魚 물고기 어
- **출전**: <맹자>의 양혜왕 상편
- **뜻풀이**: '나무에 올라가서 물고기를 구한다'는 뜻으로, 불가능한 일을 하려는 어리석음을 가리키는 말.

유래

제나라의 선왕이 맹자에게 물었어요.
"춘추 시대에 무력 정치(군대 따위의 힘으로 행하는 정치)를 했던 제나라 환공과 진나라 문공에 관한 이야기 좀 들려주시오."
그러자 맹자가 대답했어요.
"폐하께서는 전쟁을 일으켜 신하와 백성들을 위태롭게 하고 이웃 나라와 대립하는 것이 좋으십니까?"
"아니오. 그것을 좋아하지는 않지만 과인에게는 천하를 통일하고자 하는 큰 꿈이 있어 어쩔 수 없이 무력을 이용할 수밖에 없소."
"폐하의 뜻은 잘 알겠습니다. 하지만 무력으로 천하를 손에 넣으려는 것은 나무에 올라가 물고기를 구하는 것처럼 불가능한 일입니다. 그렇게 하면 백성을 괴롭히고 나라를 망하게 만들 것입니다."
맹자의 말에 선왕은 힘없이 고개를 끄덕였어요.

비슷한 고사성어
사어지천(射魚指天)
'하늘을 향해 물고기를 잡으려고 활을 쏜다'는 뜻으로, 사물을 구하는 방법이 잘못되었다는 말.

오리무중 五里霧中

- **한자**: 五 다섯 **오** | 里 마을 **리** | 霧 안개 **무** | 中 가운데 **중**
- **출전**: <후한서>의 장패전
- **뜻풀이**: 사방 5리가 짙은 안개에 갇힌 것처럼 문제의 실마리를 찾지 못하는 경우를 가리킴.

유래

안제가 후한을 다스릴 때였어요. 황제의 친척들이나 환관들이 권력을 휘둘러 백성들은 고통스러웠어요. 세상을 등지는 선비들도 많았는데 그중 학문이 깊고 도술까지 능통한 장해라는 선비가 있었어요. 그를 따르는 제자만 해도 100여 명이었지요. 조정의 환관들이나 외척들은 장해와 친해져 명성을 높이려는 속셈이 있었어요.

장해가 그들과 어울리는 것이 싫어 고향으로 돌아가자 조정에서는 그를 지방 장관으로 삼으려 했어요. 장해는 화음산으로 숨었어요.

장해를 따르던 학자와 제자들이 쫓아와 화음산 기슭에 마을이 생기고 시장도 들어섰어요.

안제가 죽은 뒤 황위에 오른 순제가 명령했어요.

"장해 선생을 예를 갖추어 궁궐로 모셔 오라."

하지만 장해는 핑계를 대며 가지 않았어요.

한번은 배우라는 사람이 장해에게 더 높은 경지의 도술을 배우려고 찾아갔지만 장해의 그림자도 만날 수 없었어요. 장해가 사방 5리를 자욱한 안개로 뒤덮어 놓고 자취를 감추었기 때문이지요.

오비이락 烏飛梨落

- **한자**: 烏 까마귀 오 | 飛 날 비 | 梨 배나무 이 | 落 떨어질 락
- **출전**: 홍만종의 <순오지>
- **뜻풀이**: 아무런 관계가 없는 일이 공교롭게 다른 일과 같은 때에 일어나 의심받게 되는 것을 뜻함.

유래

옛날, 어미곰이 새끼 네 마리를 데리고 낭떠러지 아래 개울가에 앉아 있었어요. 그런데 그때 낭떠러지 위쪽 길을 지나던 나그네가 크게 재채기를 했어요. 그 소리에 깜짝 놀란 어미곰이 가재를 잡으려고 들어 올린 바위를 놓쳐 버렸어요.

결국 정신없이 가재를 찾던 새끼곰들은 바위에 깔려 죽었어요. 하지만 나그네는 아무것도 모른 채 가던 길을 갔지요.

오랜 세월이 흘러 나그네는 뱀으로, 어미곰은 까마귀로 다시 태어났어요.

어느 날, 뱀이 배나무 아래에 앉아 햇볕을 쬐고 있을 때였어요. 배나무에 앉아 있던 까마귀가 힘차게 날아오르면서 배를 건드렸어요. 뱀 머리에 배가 떨어져 뱀은 그 자리에서 죽고 말았어요. 까마귀는 옛날의 나그네처럼 아무것도 모른 채 유유히 날아갔어요.

오십보백보 五十步百步

- **한자**: 五 다섯 오 | 十 열 십 | 步 걸을 보 | 百 일백 백 | 步 걸을 보
- **출전**: <맹자>의 양혜왕 상편
- **뜻풀이**: 조금 낫고 못한 정도의 차이는 있으나 본질적으로는 차이가 없음을 말함.

유래

전국 시대, 양혜왕은 나라를 부강하게 만들려고 애썼지만 뜻대로 되지 않자 맹자를 불러 좋은 방법이 있는지 물었어요.

"전쟁에 나선 병사들은 두려움에 떨다 도망치는 경우가 있게 마련입니다. 만약에 어떤 병사가 오십 보를, 또 어떤 병사는 백 보를 도망치다가 그 자리에서 멈춰 섰다고 칩시다. 그때 오십 보 도망친 병사가 백 보 도망친 병사를 보고 '너는 비겁한 놈이다.' 하고 욕을 한다면 폐하께서는 옳은 행동이라고 보십니까?"

"당연히 옳지 못하지요. 오십 보나 백 보나 군율을 어기고 비겁하기는 마찬가지니까요."

양혜왕이 대답하자 맹자가 다시 말을 이었어요.

"폐하께서 그런 이치를 아신다면 어찌 스스로 이웃 나라 임금보다 백성을 위하는 마음이 크다고 자랑할 수 있겠습니까?"

그 동안 양혜왕이 백성을 위한다며 한 일들이 진심으로 백성을 위한 일이 아니라 큰 나라를 만들려는 욕심이었음을 지적한 것이지요.

비슷한 고사성어
대동소이(大同小異)
크고 작음이 별 차이가 없다는 말.

오월동주 吳越同舟

- **한자** 吳 나라 이름 오 | 越 나라 이름 월 | 同 같을 동 | 舟 배 주
- **출전** <손자(손자병법)>의 구지 편
- **뜻풀이** '오나라 사람과 월나라 사람이 한 배에 타고 있다'는 뜻으로, 서로 적대감을 품은 두 사람이 같은 처지나 한자리에 있게 됨을 말함.

유래

<손자(손자병법)>는 춘추 시대에 가장 뛰어난 전략가였던 '손무'가 쓴 병법책이에요.

<손자>에는 다음과 같은 내용이 실려 있어요.

오나라와 월나라는 예로부터 원수지간이다. 그러나 이 두 나라의 사람들도 한 배를 타고 가다 풍랑을 만나면 사람의 왼손과 오른손이 돕듯이 서로 돕는다. 상대방을 구하려고 그러는 게 아니라 자기가 살려고 그러는 것이다. 그리하여 무사히 풍랑을 헤쳐 나올 수 있다.

여기에서 사이가 좋지 못한 사람들끼리 함께 있게 된 경우나 서로 협력해야 하는 상황을 '오월동주'라고 해요.

비슷한 고사성어

동주제강(同舟濟江)
'같은 배를 타고 강을 건너간다'는 뜻으로, 사이가 좋지 않은 사람이라도 같은 목적을 위해서는 서로 협조하게 된다는 말.

오합지중 烏合之衆

- **한자** 烏 까마귀 오 | 合 합할 합 | 之 갈 지 | 衆 무리 중
- **출전** <후한서>의 경엄전
- **뜻풀이** 까마귀 떼처럼 질서 없는 무리를 비유하는 말.

유래

전한 말기, 어지러운 세상의 질서를 바로잡고자 유수가 나섰어요. 그에 맞서 왕랑이란 사람도 군사를 일으켰지요.

"나는 정통 한 왕조인 성제의 아들이다. 그러니 곧 내가 이 나라의 황제이니라."

왕랑이 자신을 황제라 칭하자 유수는 더 이상 참지 못하고 왕랑을 무찌르기로 했어요. 이때 경엄이 유수를 돕기 위해 군대를 이끌고 갔어요. 그런데 그의 부하 송창과 위포가 길을 막으며 반대했어요.

"왕랑은 성제의 아들입니다. 유수를 도와 그를 무찌를 수는 없습니다."

그러자 경엄이 칼을 뽑아 들고 소리쳤어요.

"왕랑은 황제가 아니라 일개 도적이다. 그가 황제라 하며 세상을 속이고 있지만 그의 군대는 제대로 훈련받지 못한 오합지중이다. 우리가 유수의 부대와 힘을 합쳐 공격하면 쉽게 무너질 것이다!"

하지만 그 날 밤, 송창과 위포는 왕랑에게로 달아나 버렸어요.

'오합지중'은 '오합지졸(烏合之卒)'과 같은 의미로 쓰인답니다.

온고지신 溫故知新

- **한자**: 溫 따뜻할 온 | 故 예 고 | 知 알 지 | 新 새로울 신
- **출전**: <논어>의 위정 편
- **뜻풀이**: '옛것을 익히고 그것을 통해 새것을 안다'는 뜻으로, 옛것을 완전히 앎으로써 새로운 것을 발견한다는 말.

유래

남을 제대로 가르치는 스승이 되기는 어려워요. 참된 스승은 늘 스스로를 갈고닦아야 하기 때문이지요.

"공자께서 말씀하시기를, 옛것을 익혀 새로운 사실을 알면 가히 스승이 될 수 있다."

공자의 언행을 기록한 <논어>에 씌어 있는 글이에요.

훗날 정현이란 학자는 이 말을 다음과 같이 풀이했어요.

"온(溫)은 옛것을 익힌다는 뜻이다. 처음 배운 내용을 반복해서 익히는 걸 온고(溫故)라 한다."

'온고지신'은 옛것을 충실히 익혀야 새로운 사실도 알 수 있다는 뜻이에요.

비슷한 고사성어

박고지금(博古知今)
널리 옛일을 알면 오늘날의 일도 알게 됨.

와신상담 臥薪嘗膽

- **한자**: 臥 누울 와 | 薪 섶 신 | 嘗 맛볼 상 | 膽 쓸개 담
- **출전**: <사기>의 월왕 구천 세가
- **뜻풀이**: '섶에 누워 쓸개를 씹는다'는 뜻으로, 목적을 이룰 때까지 온갖 고난을 참고 견디는 것을 이르는 말.

유래

춘추 시대, 오나라 왕 합려는 월나라 왕 구천에게 목숨을 잃었어요. 합려는 죽기 전 아들 부차에게 원수를 갚으라는 유언을 남겼어요.

왕이 된 부차는 섶나무 가지로 짠 자리에서 자며 비밀리에 군대를 키워 때를 기다렸어요.

어느 날, 구천이 부차를 죽이기 위해 군대를 이끌고 왔다가 오나라 군사들에게 쫓기는 신세가 되어 회계산으로 도망갔어요. 구천은 오나라 재상 백비에게 뇌물을 준 뒤 부차에게 무릎을 꿇고 신하가 되겠다고 항복했어요. 그러자 충신 오자서가 부차에게 아뢰었어요.

"폐하, 당장 구천의 목을 쳐 후환을 남기지 마소서."

하지만 승리에 취한 부차는 오자서의 말을 듣지 않았어요.

구천은 쓸개를 곁에 두고 쓴맛을 보며 치욕을 곱씹었어요.

12년 뒤, 부차는 천하를 통일해 황제에 오를 계획을 세웠어요. 구천은 오나라로 진격해 긴 전쟁 끝에 부차를 사로잡았지요. 하지만 부차는 스스로 목숨을 끊었고, 이후 구천이 천하의 주인이 되었답니다.

외유내강 外柔內剛

- **한자** 外 바깥 외 | 柔 부드러울 유 | 內 안 내 | 剛 굳셀 강
- **출전** <당서>의 노탄전
- **뜻풀이** 겉으로는 부드럽고 순하게 보이지만 속마음은 단단하고 강하다는 뜻.

유래

당나라의 노탄이 관직에 오르자 상관인 두황상이 물었어요.
"자네 동료가 술과 여자에 빠져 흥청망청하는데 왜 가만 있는가?"
그러자 노탄이 심각한 얼굴로 대답했어요.
"청렴한 관리는 부당하게 모으지 않아 재물이 없을 것입니다. 하지만 그처럼 재물이 많은 것은 백성들의 것을 빼앗은 게 분명합니다. 그러니 재물을 흥청망청 다 써서 잃는 것은 남에게 빼앗은 재물을 다시 돌려주는 일이나 마찬가지라 내버려 두는 것이지요."
얼마 후, 요남중이 절도사에 임명되자 군대 감독관인 설영진이 반대했어요.
"폐하, 글공부만 한 요남중을 절도사에 임명하면 아니 되옵니다."
이때 노탄이 나서서 비판했어요.
"요남중은 겉으로는 약해 보이지만 속으로는 누구보다 강한 '외유중강'의 인물이다. 그런 사람을 몰라보고 임명에 동의하지 않는다면 나는 따를 수 없다."
노탄이 말한 '외유중강'은 '외유내강'과 같은 말이에요.

용두사미 龍頭蛇尾

- **한자**: 龍 용 용 | 頭 머리 두 | 蛇 뱀 사 | 尾 꼬리 미
- **출전**: <벽암록>
- **뜻풀이**: '용의 머리에 뱀의 꼬리'라는 뜻으로, 시작은 좋았으나 나중에는 흐지부지되는 경우를 가리킴.

유래

송나라에 진존숙이라는 승려가 있었어요. 그는 도를 깨우치기 위해 돌아다니며 짚신을 만들어 나그네들에게 나누어 주었어요.

어느 날, 진존숙이 길을 가다 한 승려를 만났어요. 승려들은 선문답이라는 걸 나누는데, 이것을 통해 상대방의 수행 정도를 짐작할 수 있었지요.

승려가 진존숙을 보더니 갑자기 "에잇!" 하고 큰소리를 쳤어요.

'어허, 먼저 당했군.'

진존숙이 승려를 바라보는데, 또다시 "에잇!" 하고 호령했어요.

진존숙이 승려를 가만히 살펴보니 어딘가 이상했어요.

'이 사람은 겉으로는 그럴듯하게 보이지만 참으로 도를 깨우친 것 같지는 않다. 용의 머리에 뱀 꼬리 같은 위인이 분명해.'

이렇게 생각한 진존숙은 승려에게 꾸짖듯이 말했어요.

"그대는 계속 '에잇!'만 하는데 어떻게 마무리를 지을 생각인가?"

그 말에 승려는 뱀이 꼬리를 감추듯이 급히 달아났어요.

용호상박 龍虎相搏

- **한자**: 龍 용 용 | 虎 범 호 | 相 서로 상 | 搏 칠 박
- **출전**: <삼국지>
- **뜻풀이**: '용과 호랑이가 싸운다'는 뜻으로, 두 사람의 영웅이 승부를 겨룸.

유래

유비를 따르는 관우, 장비, 마초, 황충, 조운(조자룡)을 오호대장군(五虎大將軍)이라고 불렀어요.

그중에서 마초는 위나라의 조조와 원수지간이었어요. 조조가 마초의 아버지를 죽였기 때문이지요.

마초는 싸움터에서 조조를 만나면 죽을힘을 다해 싸웠어요. 조조 역시 물러서지 않고 온 힘을 다해 맞섰지요. 사람들은 늙은 조조를 '용'이라 불렀고, 젊은 장군 마초를 '호랑이'라고 불렀어요.

용과 호랑이의 싸움은 결국 용의 승리로 끝이 났어요. 용맹스러운 마초가 조조의 노련한 전략에 말려든 것이지요.

비슷한 고사성어

양웅상쟁(兩雄相爭)
두 영웅이 벌이는 싸움.

우공이산 愚公移山

- **한자** 愚 어리석을 우 | 公 공평할 공 | 移 옮길 이 | 山 뫼 산
- **출전** <열자>의 탕문 편
- **뜻풀이** 우공이 산을 옮긴 것처럼 끊임없이 노력하면 반드시 뜻을 이룬다는 말.

유래

옛날, 북산에 아흔 살이 넘은 우공이 살았어요. 어느 날 우공은 가족에게 북산을 가로막은 태항산과 왕옥산을 옮기겠다고 말했어요.

다른 가족들은 찬성했지만 그의 아내는 걱정하며 반대했어요.

"아흔 살이 넘었는데 어찌 큰 산을 옮긴단 말입니까?"

"죽는 날까지 하다 보면 언젠가 옮길 것이오. 두 산의 흙과 돌들은 발해에 버리려 하오."

그리하여 모두 산을 옮기는 일에 달려들었어요. 하지만 겨울이 올 때까지 겨우 한 번 발해에 흙을 가져다 버릴 수 있었지요.

"풀 한 포기 뽑을 힘도 없는 늙은이가 산을 옮기려 하다니, 말이 됩니까?"

하곡 사람 지수가 찾아와 비웃었지만 우공은 태연히 대답했어요.

"내가 죽으면 자식들이 이어서 산을 옮길 텐데, 무슨 걱정이오?"

우공의 뜻에 감동한 천신은 두 아들을 땅으로 내려보내 산을 하나씩 메어다 옮기라고 시켰어요. 그리하여 북산 앞길이 훤하게 트였답니다.

우도할계 牛刀割鷄

- **한자**: 牛 소 우 | 刀 칼 도 | 割 벨 할 | 鷄 닭 계
- **출전**: <논어>의 양화 편
- **뜻풀이**: '소 잡을 칼로 닭을 잡는다'는 뜻으로, 작은 일에 큰 도구를 쓴다는 말.

유래

공자의 제자인 자유는 인품이 곧고 학식이 깊었어요. 하지만 학식에 비해 큰 벼슬에 오르지 못하고 노나라의 작은 고을인 무성의 현령이 되었어요.

어느 날, 공자는 제자들과 함께 자유가 다스리는 무성을 지나게 되었어요. 거리에서는 거문고와 비파 소리가 들려왔고, 그 소리에 맞춰 시를 읊는 소리도 들려왔어요.

공자는 흐뭇한 미소를 짓고는 자유에게 말했어요.

"자유, 자네가 무성과 같은 작은 고을에서 거문고와 노래 따위를 가르칠 필요가 있겠는가? 닭 잡는 데 소 잡는 큰 칼을 쓰지 않아도 될 텐데?"

그러자 자유가 대답했어요.

"저는 선생님으로부터 백성을 다스리는 자는 예악(예법과 음악)의 도를 배움으로써 백성을 사랑하게 되고, 백성 또한 예악의 도를 배움으로써 나라를 사랑한다고 배웠기에 오직 그 가르침을 실천했을 뿐입니다."

우이독경 牛耳讀經

- **한자** 牛 소 우 | 耳 귀 이 | 讀 읽을 독 | 經 책 경
- **출전** <이담속찬>
- **뜻풀이** '쇠귀에 경 읽기'라는 뜻으로, 아무리 가르치고 일러 주어도 알아듣지 못함을 이르는 말.

유래

다산 정약용 선생이 편찬한 책 가운데 <이담속찬>이 있어요.

이 책은 1820년에 중국 명나라의 왕동궤가 지은 <이담>에 우리나라에서 사용하던 속담을 모아 놓은 책이에요.

<이담속찬>에 이런 구절이 있답니다.

'쇠귀에 경을 읽어 준들 어찌 자세히 새겨서 듣겠는가?'

어리석은 사람은 아무리 가르쳐도 알아듣지 못함을 뜻해요.

'쇠귀에 경 읽기'를 한자로 표현하면 '우이독경'이에요.

· 위편삼절 韋編三絶

- **한자** 韋 가죽 위 | 編 엮을 편 | 三 석 삼 | 絶 끊을 절
- **출전** <사기>의 공자 세가
- **뜻풀이** 책을 엮어 놓은 가죽 끈이 세 번이나 끊어질 정도로 학문에 열중함.

유래

종이가 발명되기 전에는 잘 다듬은 대나무 조각에다 글씨를 썼어요. 그것을 '죽간'이라고 불렀어요. 죽간은 보통 가죽 끈으로 단단히 엮어서 만들었지요.

공자는 늙어서도 학문을 게을리하지 않았어요. 특히 <주역>이란 책을 아주 가까이했는데, 이 책은 내용이 아주 어려웠어요.

하지만 공자는 포기하지 않고 <주역>의 뜻을 깨달아 알기 위해 열심히 공부했어요. 그러는 동안 대나무 조각을 엮은 가죽끈이 세 번이나 끊어져 다시 고쳐 매야 했어요. 나중에는 <주역>을 깨우치고 해설한 글을 써내기까지 했지요.

그런데도 공자는 틈만 나면 이렇게 말했어요.

"나에게 시간이 더 있었다면 <주역>을 완전히 통달할 수 있었을 텐데……."

유비무환 有備無患

- 한자: 有 있을 유 | 備 갖출 비 | 無 없을 무 | 患 근심 환
- 출전: <서경>의 열명 편, <춘추좌씨전>의 양공 11년
- 뜻풀이: 미리 준비를 잘해 놓으면 나중에 근심이 없음을 비유한 말.

유래

춘추 시대, 진나라의 임금 도공은 총명했어요.

한번은 충직한 신하인 위강이 도공의 아우 양간을 혼낸 적이 있었는데, 양간은 형의 권세를 믿고 위강을 모함했어요. 그러자 도공도 왕실에 도전했다는 죄목으로 위강을 처형하려 했지요.

훗날, 양간의 죄가 드러나자 도공은 위강에게 군대 통솔권을 맡겼어요.

"과인이 충신을 몰라보았소. 나의 잘못이니 용서를 빌겠소."

도공과 위강이 힘을 모으자 진나라는 강대국이 되었어요. 도공이 정나라에서 보내온 보물과 여인들을 나눠 주자 위강이 말했어요.

"우리 진나라가 부강해진 것은 폐하와 여러 신하들의 공이지 결코 저의 공이 아닙니다. 예로부터 평안할 때 위태로움을 생각하고 미리 준비해 둔다면 훗날 걱정이 없을 거라고 했으니 폐하께서도 그것을 잊지 마십시오."

위강의 말에 도공은 보물과 여인들을 정나라로 돌려보냈어요.

비슷한 고사성어 | **거안사위(居安思危)**
편안할 때 위태로움을 생각하며 미리 대비해야 함.

유유상종 類類相從

- **한자** 類 무리 유 | 類 무리 유 | 相 서로 상 | 從 좇을 종
- **출전** 알 수 없음
- **뜻풀이** 비슷한 부류의 사람끼리 어울리는 것을 말함.

유래

세상 모든 물건들은 그 성질이 비슷한 것들끼리 모이고,
만물은 무리를 지어 나뉜다.
세상의 길흉화복은 여기서 나온다.

<주역>에 나오는 구절이에요.
제나라의 선왕이 순우곤에게 각 지방의 인재를 추천하라고 하자 순우곤은 한꺼번에 일곱 명이나 추천했어요.
그러자 선왕이 물었어요.
"일곱 인재를 한꺼번에 데려오다니, 너무 많지 않은가?"
순우곤은 태연하게 대답했어요.
"같은 종류의 새가 무리 지어 살 듯 인재도 끼리끼리 어울리는 법입니다."

이하부정관 李下不整冠

- **한자** 李 오얏 이 | 下 아래 하 | 不 아닐 부 | 整 정돈할 정 | 冠 갓 관
- **출전** <문선> 고악부 편의 군자행
- **뜻풀이** '오얏나무 밑에서 갓을 고쳐 쓰면 도둑으로 몰리기 쉬우니 하지 말라'는 뜻으로, 남에게 의심받을 만한 행동은 아예 삼가라는 말.

유래

전국 시대, 제나라 위왕이 방탕한 생활을 하자 신하 주파호가 아첨하며 나라를 어지럽혔어요. 보다 못한 위왕의 공주 우희가 왕에게 말했어요.

"주파호는 속이 시커먼 사람이니 높은 벼슬을 주시면 안 됩니다."

이 말을 들은 주파호는 우희에 대해 거짓 소문을 퍼뜨렸어요.

"당장 우희를 옥에 가두고 진상을 조사하라!"

소문을 듣고 화가 난 위왕이 형리에게 명령했어요.

하지만 형리도 주파호의 사람이라 거짓으로 꾸며 쓴 것을 위왕에게 바쳤어요. 위왕은 우희를 불러 허무맹랑한 내용을 확인했어요.

"저에게 죄가 있다면 참외밭에서 신을 고쳐 신지 말고 오얏나무 밑에서 갓을 고쳐 쓰지 말라는 선인들의 말을 실천하지 못한 것과 소녀를 위해 진실을 밝혀 줄 사람을 곁에 두지 못했다는 것뿐입니다."

우희가 주파호가 저지른 나쁜 짓에 대해 낱낱이 고하자 위왕은 그제야 정신을 차렸지요.

위왕은 주파호를 처형했고, 제나라는 안정을 되찾았어요.

일거양득 一擧兩得

- **한자** 一 한 일 | 擧 들 거 | 兩 두 양 | 得 얻을 득
- **출전** <춘추후어>, <사기>의 장의열전
- **뜻풀이** '한 가지 일로 두 가지 이익을 한꺼번에 얻는다'는 뜻.

유래

옛날, 변장자라는 힘센 사나이가 있었어요.

어느 날, 산에 호랑이가 나타났다는 말을 듣고 변장자는 칼을 뽑아 들고 달려 나갔어요. 그때 마을 아이 하나가 그를 뒤따랐어요.

산에 올라가 보니 호랑이 두 마리가 소 한 마리를 서로 차지하려고 싸우고 있었어요.

"옳지, 오늘 호랑이 두 마리를 한꺼번에 때려잡자."

변장자가 호랑이를 향해 달려들려고 하는 순간, 아이가 그의 소매를 잡아당기며 말했어요.

"조금만 기다리세요. 호랑이끼리 싸우면 힘이 약한 놈은 물려 죽을 것이고, 다른 한 마리는 상처를 입을 거예요. 그때 잡으면 한꺼번에 두 마리를 얻을 수 있어요."

변장자는 아이의 말대로 기다렸고, 잠시 후 두 호랑이를 둘러메고 산을 내려왔답니다.

비슷한 고사성어

일석이조(一石二鳥)
'돌멩이 하나를 던져 두 마리의 새를 맞혀 잡는다'는 뜻.

자승자박 自繩自縛

- **한자** 自 스스로 자 | 繩 줄 승 | 自 스스로 자 | 縛 묶을 박
- **출전** <한서>의 유협전
- **뜻풀이** '자기 줄로 자기 몸을 묶는다'는 뜻으로, 자기가 한 말과 행동 때문에 자신이 곤란하게 됨을 비유한 말.

유래

한나라 때 원섭이라는 사람이 살았어요.

어느 날, 그의 노비가 시장에서 말다툼을 벌이다 화를 참지 못하고 백정을 죽이는 일이 벌어졌어요. 이에 무릉의 태수인 윤공이 말했어요.

"노비가 살인을 저지른 것은 그 주인이 관리를 제대로 하지 않은 탓이다. 그러니 원섭을 죽여 죄를 물으리라."

그러자 협객들이 반대하고 나섰어요.

"원섭의 노비가 법을 어긴 것은 그가 부덕한 탓입니다. 하지만 그를 죽이는 것보다 그에게 웃옷을 벗고 스스로 옭아매어 법정에 나아가 사죄하도록 하는 것이 태수님의 위엄을 더 잘 지킬 수 있는 방법이라 생각됩니다."

이 이야기 중에 나오는 '스스로 옭아맨다'는 의미의 '자박'에서 이 고사성어가 유래했어요. 본래 매우 곤란한 처지에 몰렸을 때 항복의 표시로 자신의 몸을 묶고 용서를 구한다는 의미로 쓰였어요. 그러다 자기 잘못으로 인해 스스로 불행해진다는 의미로 쓰이게 되었어요.

자포자기 自暴自棄

- **한자** 自 스스로 자 | 暴 사나울 포 | 自 스스로 자 | 棄 버릴 기
- **출전** <맹자>의 이루 상편
- **뜻풀이** 스스로 자신을 포기하고 돌보지 않는다는 뜻.

유래

맹자가 말했어요.

스스로를 해치는 사람과 더불어 이야기할 수 없고,
스스로를 버리는 사람과도 더불어 진리를 행할 수가 없다.
입만 열면 예의를 비난하는 것이 자포(自暴)요,
의로운 행동을 실천하지 못하는 것이 자기(自棄)다.

이처럼 맹자는 그런 사람들과는 어떤 말이나 행동을 같이할 수 없다고 했어요.
절망에 빠져 스스로를 포기하는 사람이 바로 자포자기의 상태겠지요.

적반하장 賊反荷杖

- **한자** 賊 도둑 적 | 反 돌이킬 반 | 荷 멜 하 | 杖 몽둥이 장
- **출전** 알 수 없음
- **뜻풀이** '도둑이 오히려 몽둥이를 든다'는 뜻으로, 잘못한 사람이 도리어 화를 낸다는 의미.

유래

어떤 나그네가 추수하는 논에서 새참을 얻어먹게 되었어요.

"어디로 가던 중이오?"

논 주인이 묻자 나그네는 봇짐에서 도자기를 꺼내 보이더니 사또에게 드리러 간다고 했어요. 사실 그 도자기는 훔친 거였어요.

나그네는 논두렁 끝에 대변을 보고 와 술까지 얻어 마셨어요.

농부들이 다시 일을 시작하자 나그네는 길을 떠나는 척하다 일부러 자기가 눈 똥을 밟아 미끄러졌어요. 그 바람에 도자기가 깨졌지요.

"당신네 논두렁 똥에 미끄러져 값비싼 도자기를 깨뜨렸으니 물어내시오! 아니면 관가에 고발하겠소!"

나그네가 노발대발하자 논 주인은 도자기 값을 물어주었어요.

"제가 눈 똥을 밟아 미끄러지고서는……."

처음부터 사실을 알고 있던 사람이 논 주인에게 귀띔했어요.

그 뒤로 잘못한 사람이 화를 내면 '똥 싸고 성낸다'는 말을 쓰기 시작했어요.

비슷한 고사성어

객반위주(客反爲主)
손님이 도리어 주인 행세를 한다는 뜻.

전화위복 轉禍爲福

- **한자** 轉 구를 전 | 禍 재앙 화 | 爲 될 위 | 福 복 복
- **출전** <전국책>의 '연책', <사기>의 관안열전 편
- **뜻풀이** 재앙이 바뀌어 오히려 복이 된다는 의미.

유래

전국 시대 말기, 진나라가 강대국이 되자 나머지 나라들은 늘 불안에 떨었어요.

그때 여러 나라의 재상을 겸했던 소진이 나타나 한·위·조·연·제·초나라가 힘을 합쳐 진나라에 맞서자는 의견을 내놓았어요. 하지만 여러 나라의 대표들은 불안해하며 선뜻 찬성하지 않았어요.

그러자 소진이 나서서 말했어요.

"옛날에 일을 잘했던 사람은 화를 바꾸어 복이 되게 하였고, 실패할 것을 바꾸어 성공으로 이루었다."

이는 어떤 불행이 닥치더라도 끊임없이 노력하면 행복으로 바꾸어 놓을 수 있다는 말이에요.

절차탁마 切磋琢磨

- **한자** 切 끊을 절 | 磋 갈 차 | 琢 다듬을 탁 | 磨 갈 마
- **출전** <시경> 위풍의 기오 편, <논어>의 학야 편
- **뜻풀이** '옥이나 돌을 갈고 닦아 빛을 낸다'는 뜻으로, 부지런히 학문과 덕을 닦음을 이르는 말.

유래

<시경>에 실린 '기욱'이란 시에 이런 구절이 나와요.

여절여차(如切如磋) — 끊는 듯 닦는 듯
여탁여마(如琢如磨) — 쪼는 듯 가는 듯

여기에서 비롯된 '절차탁마'는 군자가 스스로 끊임없이 수양하는 자세를 나타내요. 옥이나 구슬을 갈고 다듬는 과정처럼 무슨 일이든지 정성을 기울여야 한다는 뜻이지요.

공자도 제자 자공과 이 구절에 대해 대화를 나누었어요.
공자는 '가난하면서도 도를 즐기고 부유하면서도 예를 좋아하는 것'을 '절차탁마'의 자세라고 말했어요. 옥을 갈고 구슬을 다듬는 자세로 자신의 마음을 갈고닦다 보면 훌륭한 인격을 갖출 수 있다는 뜻이지요.

정중지와 井中之蛙

- **한자** 井 우물 정 | 中 가운데 중 | 之 갈 지 | 蛙 개구리 와
- **출전** <후한서>의 마원전
- **뜻풀이** 우물 안 개구리처럼 식견이 좁고 세상 물정을 모르는 사람을 말함.

유래

마원은 시골에서 조상의 묘를 돌보다가 지방 관리 외효의 부하가 되었어요. 그 무렵, 공손술이 사천 지방에서 스스로 황제라 칭하며 세력을 키우자 외효는 마원을 불러 말했어요.

"공손술을 찾아가 그의 됨됨이를 알아보고 오너라."

마원은 공손술을 찾아가며 생각했어요.

'고향 친구인데, 함부로 대하지는 않겠지?'

하지만 공손술은 마원을 보자마자 거드름을 피우며 말했어요.

"옛정을 생각해서 자네한테 장군 자리를 내릴까 하는데 어떤가?"

마원은 잠시 생각에 잠겼어요.

'공손술은 세상 물정을 모르고 허세만 부리는구나. 이런 자가 어찌 천하의 주인이 될 수 있겠는가!'

마원은 서둘러 외효에게 돌아가 보고했어요.

"공손술은 우물 안에 앉아서 하늘을 내다보고는 하늘이 우물 둘레 밖에 안 된다고 말하는 개구리와 같은 인물입니다."

그 말에 외효는 공손술과 손잡으려던 생각을 버렸어요.

조강지처 糟糠之妻

- **한자** 糟 지게미 조 | 糠 겨 강 | 之 갈 지 | 妻 아내 처
- **출전** <후한서>의 송홍전
- **뜻풀이** '지게미와 쌀겨로 끼니를 이을 때의 아내'라는 뜻으로, 어렵고 힘들 때 고생을 함께 겪은 아내를 가리킴.

유래

정직하고 어진 사람으로 평이 나 있던 송홍은 광무제의 눈에 들어 높은 벼슬에 올랐어요.

한편, 광무제의 누이 호양 공주는 남편을 잃고 쓸쓸히 지내고 있었어요. 광무제는 우직한 송홍을 호양 공주의 짝으로 맺어 주고 싶었어요. 그래서 송홍을 불러 그의 속마음을 떠 보려고 물었지요.

"사람이 지위가 높아지면 옛 친구를 버리고, 부자가 되면 아내를 새로 바꾼다고 하오. 그대의 생각은 어떻소?"

그러자 송홍이 담담한 표정으로 대답했어요.

"신은 어려울 때 사귄 친구를 결코 잊을 수 없으며, 함께 고생한 아내 역시 어떤 경우에도 버릴 수 없다고 생각합니다."

여동생과 맺어 주려던 일이 실패하자 광무제는 크게 실망했어요. 하지만 송홍의 됨됨이를 알아보고 더 큰 벼슬을 내렸어요.

조령모개 朝令暮改

- **한자**: 朝 아침 조 | 令 하여금 령 | 暮 저녁 모 | 改 고칠 개
- **출전**: <사기>의 평준서, 조조의 상소문 <논귀속소>
- **뜻풀이**: '아침에 명령을 내리고 저녁에 다시 바꾼다'는 뜻으로, 나라의 정책이 일관성 없이 자주 바뀌는 것을 이르는 말.

유래

한나라(전한)에 조조(鼂錯)라는 신하가 있었어요. 그는 어사대부라는 벼슬을 지냈는데, 나라 살림에 아주 밝았지요.

북방의 흉노족이 침입해서 곡식을 억지로 빼앗아 가는 일이 잦자 조조는 '논귀속소'라는 상소를 지어 올렸어요. 조조는 그 상소에서 곡식의 귀중함을 주장하며 힘든 농사일에 시달리는 백성들의 고통을 변호했어요. 특히 시도 때도 없이 나라가 거두어들이는 세금이나 강제로 시키는 부역의 잘못된 점을 꼬집었지요.

상소 끝에 이런 구절이 있어요.

> 세금과 부역의 시기가 정해지지 않아
> 아침에 내린 명령을 저녁에 고친다면
> 백성은 고통에 빠질 것입니다.

하지만 조조는 간신들의 모함을 받아 억울하게 죽고 말았어요.

비슷한 고사성어
작심삼일(作心三日)
'마음먹은 지 삼일도 못 간다'는 뜻으로, 결심이 굳지 못함을 이르는 말.

조삼모사 朝三暮四

- **한자** 朝 아침 조 | 三 석 삼 | 暮 저녁 모 | 四 넉 사
- **출전** <열자>의 황제 편
- **뜻풀이** '아침에 세 개, 저녁에 네 개'라는 뜻으로, 남을 속이는 행동을 뜻하거나 당장 눈앞에 보이는 차별만 알고 그 결과가 같음을 모른다는 말.

유래

송나라에 저공이란 사람이 있었는데, 원숭이를 좋아해 여러 마리를 길렀어요. 저공은 원숭이들의 마음을 훤히 꿰뚫어 보았고, 원숭이들 또한 저공의 말을 알아들었어요.

저공은 집안 식구들의 먹을 것을 줄여 원숭이들에게 도토리를 먹였어요. 그런데 많은 원숭이들을 먹이다 보니 도토리가 부족해 양을 줄이기로 했지요.

어느 날, 저공이 원숭이들을 모아 놓고 말했어요.

"이제부터는 도토리를 아침에는 세 개, 저녁에는 네 개를 주려고 하는데 너희 생각은 어떠냐?"

그러자 원숭이들은 길길이 날뛰었어요.

"그러면 아침에는 네 개, 저녁에는 세 개를 주면 어떻겠느냐?"

이번에는 원숭이들이 좋아서 경중경중 뛰었어요.

저공이 주겠다는 도토리의 양은 똑같았지만 생각이 짧은 원숭이들에게는 아침에 한 개 더 주겠다는 것이 더 많아 보인 것이지요.

주경야독 晝耕夜讀

- **한자** 晝 낮 주 | 耕 밭갈 경 | 夜 밤 야 | 讀 읽을 독
- **출전** <위서>의 최광전
- **뜻풀이** '낮에는 농사를 짓고 밤에는 글을 읽는다'는 뜻으로, 어려움 속에서도 꿋꿋이 공부함을 이르는 말.

유래

중국 남북조 시대, 북위에 최광이라는 사람이 살았어요. 그는 성품이 온화하고 어질어서 어떤 일도 거스르지 않았어요.

최광은 효문제의 총애를 입어 태자의 스승이 되기도 했어요. 나중에는 개국공에 봉해졌고, 죽은 뒤에 문선이라는 시호까지 받았어요.

그가 죽자 이런 인물평이 나왔어요.

집안은 가난했지만 배우기를 즐겼다.
낮에는 밭에 나가 일을 하고
밤에는 책을 외우며 부모를 봉양하였다.

효문제는 최광을 당대 최고의 학자로 손꼽았답니다.

주마가편 走馬加鞭

- **한자** 走 달릴 주 | 馬 말 마 | 加 더할 가 | 鞭 채찍 편
- **출전** 홍만종의 <순오지>
- **뜻풀이** '달리는 말에 채찍질하기'라는 뜻으로, 잘하는 사람에게 더 잘하라고 야단치거나 격려한다는 의미.

유래

어느 더운 여름날, 어떤 나그네가 길을 가다 이상한 광경을 보게 되었어요. 한 농부가 밭에서 열심히 일하는 말에게 자꾸만 채찍질을 하는 것이었어요. 그 모습을 지켜보던 나그네가 농부에게 물었어요.

"이보시오, 열심히 일하는 말에게 왜 자꾸만 채찍질을 하는 것이오?"

그러자 농부가 대답했어요.

"자고로, 말은 계속 채찍질을 해야 다른 생각을 하지 않고 열심히 일하기 때문이지요."

나그네는 농부가 너무도 단호하게 대답하자 더 이상 할 말이 없었어요. 그는 열심히 일하는 말이 안쓰러워 한 번 돌아보고는 가던 길을 갔답니다.

죽마고우 竹馬故友

- **한자** 竹 대나무 죽 | 馬 말 마 | 故 예 고 | 友 벗 우
- **출전** <진서>의 은호전
- **뜻풀이** '대나무 말을 타고 놀던 옛 친구'라는 뜻으로, 아주 어릴 때부터 함께 놀며 자란 친구 사이를 말함.

유래

진나라 간문제 때의 일이에요. 촉나라를 평정하고 돌아온 환온 세력이 날로 커지자 간문제는 환온의 기세를 견제하기 위해 은호를 높은 자리에 앉히려고 했어요.

환온과 은호는 소꿉친구였지만 은호가 조정에 나가면서 부딪혔어요. 명필(서예가) 왕희지가 나서 화해시키려 했지만 소용없었어요.

그 무렵, 진나라는 혼란을 틈타 중원 땅을 차지하려고 군사를 일으켰어요. 간문제는 은호에게 병사들을 이끌게 했지요. 하지만 은호는 말에서 떨어져 다치는 바람에 제대로 싸워 보지도 못하고 돌아와야 했어요. 그때 환온이 은호를 비방하는 상소를 올려 간문제는 어쩔 수 없이 은호를 귀양 보냈어요.

"은호는 어릴 때 함께 죽마를 타고 놀던 친구였어. 내가 타던 죽마를 버리면 언제나 은호가 주워 오고는 했지. 그러니 은호가 내게 고개 숙이는 게 당연하지 않은가."

환온이 주변 사람들에게 말했어요.

결국 화해하지 못한 채 은호는 귀양지에서 세상을 떠났어요.

지록위마 指鹿爲馬

- **한자** 指 가리킬 지 | 鹿 사슴 록 | 爲 할 위 | 馬 말 마
- **출전** <사기>의 진시황본기
- **뜻풀이** '사슴을 가리켜 말이라고 한다'는 뜻으로, 사실이 아닌 것을 사실로 만들어 인정하게 되거나 윗사람을 업신여기는 태도를 가리킴.

유래

천하를 통일했던 진시황제가 죽은 뒤, 아들 호해가 진나라의 2대 황제에 올랐어요.

하지만 환관 조고가 모든 권력을 쥔 채 온갖 방법으로 충신들을 죽였고, 호해를 점점 허수아비 황제로 만들었어요.

조고는 승상(정승)이 되어 나랏일을 마음대로 했어요. 그래도 마음이 놓이지 않는지 조정에서 자기를 비판하는 신하들을 가려냈어요.

어느 날, 조고가 사슴을 잡아 와서는 말이라고 했어요.

"승상, 그게 무슨 말이오? 사슴을 말이라고 하다니! 그대들 눈에도 사슴이 말로 보이는가?"

호해가 어이없어 하며 묻자 신하들은 조고의 눈치를 살피며 말이라고 대답하는 이도 있고, 사슴이라고 대답하는 이도 있었어요.

조고는 사슴이라고 대답한 신하들은 죄를 뒤집어씌워 감옥에 넣었어요. 그 후 조고의 말에 반대하는 사람이 아무도 없었어요.

호해 황제는 결국 조고에게 죽임을 당하고 말았어요.

지피지기 知彼知己

- **한자**: 知 알 지 | 彼 저 피 | 知 알 지 | 己 몸 기
- **출전**: <손자(손자병법)>의 모공 편
- **뜻풀이**: '적을 알고 나를 알아야 한다'는 뜻으로, 자기와 상대방의 상황을 자세히 알아야 한다는 의미.

유래

춘추 시대에 손무(손자)라는 병법가가 있었어요. 본래 제나라 사람이었는데, 오나라 왕 합려가 그를 알아보고 대장으로 삼았어요.

합려는 손무의 전략에 따라 당시의 강대국이었던 초나라와 제나라, 진나라까지 차례대로 무찔렀어요. 그래서 다른 나라에서는 손무가 지휘하는 군대를 몹시 두려워했지요.

손무는 군사 지식과 전투 경험을 바탕으로 <손자(손자병법)>라는 유명한 병법서를 썼어요. <손자>의 모공 편에 이렇게 씌어 있어요.

적을 알고 자기를 아는 것은
전쟁에서 승리할 수 있는 중요한 열쇠다.
그러면 백 번 싸워도 백 번 이길 것이다.
만약에 적을 알고 자기를 모른다면 일승일패를 할 것이고,
적도 모르고 자기도 모른다면 싸움마다 패배할 것이다.

손무의 병법에는 일상에서도 활용할 수 있는 지혜가 담겨 있어요.

천재일우 千載一遇

- **한자**: 千 일천 천 | 載 실을 재 | 一 한 일 | 遇 만날 우
- **출전**: <삼국명신서찬>
- **뜻풀이**: '천 년에 한 번 만난다'는 뜻으로, 좀처럼 얻기 어려운 좋은 기회를 말함.

유래

중국 남북조 시대, 동진에 원굉이라는 선비가 살았어요. 그는 위·촉·오 세 나라의 건국 공신 중 스무 명을 골라 그들의 행적을 <삼국명신서찬>이란 책에 실었어요. 그 책에는 이런 구절이 있어요.

> 무릇 백락을 만나지 못한다면
> 천 년이 가도 한 필의 천리마를 얻을 수 없다.

백락은 주나라 사람으로 명마를 알아보는 눈썰미가 아주 뛰어났어요. 백락의 눈이 있어야 명마를 얻을 수 있다는 말이지요.

원굉이 말한 '백락'은 '임금'을 뜻하고, '명마'는 '신하'를 가리켜요. 현명한 임금을 만나야 어진 신하가 마음껏 능력을 발휘한다는 뜻이지요.

비슷한 고사성어
천세일시(千歲一時)
천 년에 한 번 있는 기회.

초미지급 焦眉之急

- **한자**: 焦 탈 초 | 眉 눈썹 미 | 之 갈 지 | 急 급할 급
- **출전**: 불교의 <오등회원>
- **뜻풀이**: 눈썹이 타들어 가는 듯한 아주 위급한 상황을 말함.

유래

옛날, 금릉(오늘날의 중국 난징)의 장산에서 '불혜선사'라는 고승이 도를 닦고 있었어요. 그는 불심이 깊고 학문에도 뛰어나 따르는 제자들이 무척 많았어요.

어느 날, 제자 중 한 명이 그에게 물었어요.

"스승님, 가장 위험하고 급박한 상황은 어떤 글귀로 표현할 수 있습니까?"

"그것은 불이 눈썹을 태우는 상황, 곧 화소미모니라."

이에 제자가 고개를 끄덕였어요.

여기에서 비롯된 화소미모(火燒眉毛)가 소미지급(燒眉之急)으로 바뀌었고, 그것이 다시 초미지급(焦眉之急)이 되었다고 전해져요.

이 고사성어는 우리가 흔히 쓰는 '발등에 떨어진 불'이라는 말과 비슷한 의미로 볼 수 있어요.

타산지석 他山之石

- **한자** 他 다를 타 | 山 뫼 산 | 之 갈 지 | 石 돌 석
- **출전** <시경>의 소아 편
- **뜻풀이** 하찮은 것도 자신을 가다듬는 데 소중하게 쓰일 수 있다는 의미.

유래

중국에 타산과 형산이란 산이 있어요. 타산에는 쓸모 없는 돌멩이가 많은 데 비해 형산에는 귀한 옥이 많았지요. 형산의 옥을 갈아 장신구를 만들면 값비싼 보석이 되었어요. 그래서 여인들은 하나같이 형산의 옥으로 만든 보석을 탐냈어요.

하지만 형산에서 캐낸 옥은 갈고 다듬어야 보석이 될 수 있었어요. 옥은 옥끼리 갈 수는 없고, 반드시 숫돌(칼이나 낫 따위의 연장을 갈아 날을 세우는 데 쓰는 돌)에 갈아야 하지요.

타산의 돌들은 볼품없었지만 단단해서 숫돌로는 아주 좋았어요. 형산에서 캔 옥을 타산의 숫돌에 갈면 값비싼 보석을 얻을 수 있었지요.

이와 같이 '타산지석'은 다른 산의 아무리 거칠고 나쁜 돌이라도 숫돌로 쓰면 옥을 갈 수 있듯이, 다른 사람의 하찮은 행동도 자기 자신을 수양하는 데 도움이 될 수 있음을 비유해요.

• 토사구팽 兔死狗烹

- **한자**: 兔 토끼 토 | 死 죽을 사 | 狗 개 구 | 烹 삶을 팽
- **출전**: <사기>의 회음후열전
- **뜻풀이**: '토끼가 죽으면 토끼를 잡던 사냥개도 필요 없게 되어 주인에게 삶아 먹힌다'는 뜻으로, 실컷 부려 먹다 쓸모없어지면 야박하게 버리는 경우를 말함.

유래

한신은 유방을 도와 한나라 건국에 큰 공을 세웠어요. 중요한 싸움마다 승리를 거둔 대장군이었지요. 황제가 된 유방은 한신을 제후에 앉혔지만 그가 자신에게 대항할까 봐 늘 두려웠어요.

항우가 죽자 부하였던 종리매가 한신의 부하가 되었어요. 유방은 종리매를 죽여서 데려오라고 명령했지만 한신은 따르지 않았어요.

유방은 핑계를 만들어 제후들을 한자리에 불러 모았어요. 한신이 군사를 떼어 놓고 궁궐로 들어오면 습격할 계획이었지요.

한신은 황제의 명령을 어길 수 없어 종리매에게 유방의 궁궐로 간다고 전했어요. 그러자 실망한 종리매는 스스로 목숨을 끊었어요.

한신이 종리매의 목을 바치자 유방은 기다렸다는 듯이 한신을 역적으로 몰아세웠어요.

"토끼가 죽으면 사냥개를 삶아 죽이고, 새가 없어지면 활을 감추며, 적국을 무찌르면 장수를 죽인다더니 그 말이 꼭 맞구나. 천하가 평정되었으니 내가 죽는 것도 당연하구나."

한신은 억울해서 분노하며 외쳤어요.

파죽지세 破竹之勢

- 🖊 **한자** 破 깨뜨릴 파 | 竹 대나무 죽 | 之 갈 지 | 勢 형세 세
- 📖 **출전** <진서>의 두예전
- 🎵 **뜻풀이** '대나무를 쪼개는 기세'라는 뜻으로, 거침없이 적을 물리치는 당당한 기세를 말함.

🏛 유래

두예는 진나라 무제 때의 장군으로 20만 대군을 거느리고 여러 나라를 정벌한 인물이에요.

어느 날, 두예가 출병 명령을 받고 오나라로 진격하려고 하자 한 장수가 말렸어요.

"장군, 봄비가 잦으면 강이 넘치고 전염병까지 생길 수 있습니다. 그러니 일단 군대를 후퇴했다가 겨울에 다시 공격하십시오."

그 말에 두예가 큰 소리로 대답했어요.

"지금 우리 군대의 사기는 대나무를 쪼갤 듯한 기세요. 이런 기세로 오나라를 쳐부순다면 전쟁은 쉽게 결판이 날 것이오. 그러니 지금 당장 진격해야 하오."

두예는 곧바로 오나라로 쳐들어가 항복을 받아 내고야 말았어요.

풍전등화 風前燈火

- **한자** 風 바람 풍 | 前 앞 전 | 燈 등불 등 | 火 불 화
- **출전** 알 수 없음
- **뜻풀이** '바람 앞의 등불'이라는 뜻으로, 매우 위급한 상황을 이르는 말.

유래

　백제의 의자왕은 처음에는 정치를 잘했어요. 또한 용맹해서 신라의 여러 성을 빼앗아 국방도 튼튼히 다졌지요. 하지만 정치를 잘하던 의자왕의 마음이 간신들의 말에 이리저리 흔들렸어요.

　"폐하, 아무 걱정 마옵시고 태평성대를 누리소서."

　매우 간사스러운 신하는 충신으로 보인다는 말이 있어요.

　"서해 바다가 보이는 산꼭대기에 정자를 지어라."

　그리하여 의자왕은 '망해정'이라는 정자에서 밤낮으로 지냈어요. 그 즈음 신라가 당나라와 연합해 백제를 치려고 했어요.

　"망해정을 지었으니 망하고 말지."

　백성들은 의자왕을 원망했어요.

　"폐하, 신라군과 당나라군이 쳐들어오고 있사옵니다!"

　하지만 의자왕은 간신들의 말만 믿었다가 나라를 빼앗기고 말았지요.

비슷한 고사성어

백척간두(百尺竿頭)
높은 벼랑 위에 서 있는 것처럼 상황이 매우 급박한 처지를 말함.

함흥차사 咸興差使

- **한자**: 咸 다 함 | 興 일으킬 흥 | 差 다를 차 | 使 부릴 사
- **출전**: <연려실기술>의 축수 편
- **뜻풀이**: 임무를 맡아 떠난 사람이 소식이 없거나 회답이 오지 않음을 뜻함.

유래

태조 이성계가 조선을 건국할 때 다섯째 아들 방원이 큰 공을 세웠어요. 그러나 이성계는 계비 강씨의 아들인 방석을 세자로 삼았어요. 이에 방원은 한양에서 난을 일으켰지요.

이방원은 당시의 권력자였던 정도전과 함께 방석을 죽인 다음 자신에게 도전한 셋째 형까지 제압해 이성계의 분노를 샀어요. 결국 이성계는 왕위를 영안대군(정종)에게 물려주고 함흥으로 가 버렸어요.

정종에 이어 왕위에 오른 태종 이방원은 아버지 이성계를 한양으로 다시 모셔오고 싶어 함흥으로 차사를 여러 번 보냈어요. 차사는 왕이 중요한 임무를 특별히 맡긴 신하를 말해요. 이방원은 부자지간에 갈등하는 모습을 더 이상 백성들에게 보이고 싶지 않아 차사를 보낸 것이지요.

그러나 아들 방원을 못마땅하게 생각했던 이성계는 함흥으로 찾아오는 차사들마다 죽이거나 잡아 가두어 돌려보내지 않았어요. 그래서 세상 사람들은 한번 간 사람이 돌아오지 않을 때 '함흥차사'라는 말을 쓰게 되었답니다.

형설지공 螢雪之功

- **한자** 螢 반딧불이 형 | 雪 눈 설 | 之 갈 지 | 功 공 공
- **출전** 이한의 <몽구>, <진서>의 차윤전
- **뜻풀이** '반딧불이와 눈빛으로 이룬 공'이라는 뜻으로, 가난을 이겨 내고 열심히 공부한 끝에 성공함을 이르는 말.

유래

진나라에 손강이라는 소년이 살았어요. 그는 집안이 너무나 가난해서 등불을 켜는 데 쓸 기름을 살 돈도 없었어요.

"깜깜한 밤에는 공부를 할 수 없으니 걱정이로구나."

밤이 되자 손강은 방문을 활짝 열어젖혔어요. 차가운 겨울바람이 살을 파고들었지만 쌓인 눈에 반사된 달빛으로 책을 읽는 기쁨이 더 컸어요. 그렇게 공부한 손강은 마침내 높은 벼슬에 올랐어요.

차윤이란 소년도 손강 못지않게 가난했어요. 밤에는 등불이 없어 공부할 수가 없었지요.

"뭐 좋은 수가 없을까?"

순간, 차윤은 여름 밤하늘에 반짝이는 반딧불이를 떠올렸어요. 그래서 차윤은 밤마다 반딧불이를 여러 마리 잡아 그 아래에서 책을 읽었어요. 훗날 차윤도 높은 벼슬에 올랐답니다.

호가호위 狐假虎威

- **한자** 狐 여우 호 | 假 거짓 가 | 虎 범 호 | 威 위엄 위
- **출전** <전국책>의 '초책'
- **뜻풀이** 남의 권세를 빌려 위엄을 부린다는 뜻.

유래

옛날, 여우가 호랑이와 딱 마주쳤어요. 배고픈 호랑이가 잡아먹으려고 달려들자 여우는 얼른 꾀를 냈어요.

"나는 하느님의 뜻으로 산중의 왕이 된 몸이다. 그러니 나를 해치면 큰 벌을 받을 것이다!"

하지만 호랑이는 믿으려 하지 않았어요.

"좋다. 내 뒤를 따라오면서 다른 산짐승들이 어쩌는지 봐라."

그리고 여우가 앞장서자 호랑이는 여우 뒤를 쫓아갔어요.

그런데 여우를 본 짐승들은 겁에 질려 달아났어요. 여우가 아니라 뒤에 있는 호랑이가 무서워 달아나는 것인데, 호랑이는 여우가 진짜 산의 왕이라서 그런 줄 알았어요.

비슷한 고사성어
차호위호(借虎威狐)
'호랑이의 위세를 빌려 허세를 부리는 여우'라는 뜻으로, 남의 권세로 뽐내는 것을 비유한 말.

호구지책 糊口之策

- **한자**: 糊 풀칠할 호 | 口 입 구 | 之 갈 지 | 策 꾀 책
- **출전**: <춘추좌씨전>의 은공 11년조
- **뜻풀이**: 겨우 입에 풀칠할 정도의 방책을 뜻함.

유래

은공이 작은 허나라를 정벌한 뒤 그 땅을 제나라의 제후에게 주려고 했어요. 그런데 제후는 그 땅을 오히려 정나라의 제후인 정백에게 주는 게 좋겠다고 했어요.

그러자 정백이 허나라의 대부인 백리에게 말했어요.

"과인은 왕실의 어른들을 편히 모시지도 못하고, 하나뿐인 아우와도 화목하지 못하여 이 나라 저 나라로 떠돌면서 호구하는 처지인데, 어찌 허나라를 다스리겠는가?"

정백은 어머니와 사이가 좋지 않았고 모반을 꿈꾸어 온 동생도 다른 나라로 내쫓아 버렸어요. 그래서 정백의 동생은 외국에서 근근이 살아가는 형편이었어요. 그야말로 입에 풀칠하는 정도였지요. 그 뒤 겨우겨우 살아가는 것을 말할 때 '호구지책'이라는 고사성어를 쓰게 되었어요.

호사다마 好事多魔

- **한자** 好 좋을 호 | 事 일 사 | 多 많을 다 | 魔 마귀 마
- **출전** <비파기>의 기언간부
- **뜻풀이** 좋은 일일수록 그것을 방해하는 일도 많다는 뜻.

유래

<비파기>는 중국의 유명한 희곡이에요. 조오랑이라는 여인이 남편을 찾아가면서 겪는 고난을 그린 작품이지요. 거기에는 이런 대사가 나와요.

좋은 일에는 마(魔)가 많이 끼어서 풍파가 일어날 것을 누가 알겠는가?

이 말은 기쁜 일에는 그것을 방해하는 일도 많이 생긴다는 뜻이에요. 그러니 좋은 일이 있을 때일수록 더욱 조심해야겠지요.

비슷한 고사성어

시어다골(鰣魚多骨)
'준치는 맛은 좋으나 가시가 많다'는 뜻으로, 좋은 일의 한편에는 귀찮은 일도 많음을 이르는 말.

호접지몽 胡蝶之夢

- **한자** 胡 되(오랑캐) 호 | 蝶 나비 접 | 之 갈 지 | 夢 꿈 몽
- **출전** <장자>의 제물론 편
- **뜻풀이** '나비가 된 꿈'이라는 뜻으로, 만물은 구분이 필요 없는 하나의 세계라는 의미.

유래

어느 날, 춘추 시대의 대표 철학자인 장자가 꿈을 꾸었어요. 장자는 꿈속에서 나비가 되어 꽃송이 사이를 날아다녔어요. 맑은 하늘을 날다가 아름다운 꽃밭에 내려앉으니 그보다 더 좋을 수가 없었어요.

얼마 뒤, 꿈에서 깨어난 장자는 어리둥절했어요. 나비는 온데간데없고 자신이 있었기 때문이지요.

장자는 이렇게 말했어요.

"내가 나비인가, 나비가 나인가?"

이 말에는 장자의 독특한 사상이 담겨 있답니다. 세상 모든 것은 끊임없이 변화하기 때문에 나비와 사람을 따로 구별하는 게 의미가 없다는 뜻이지요.

화룡점정 畫龍點睛

- **한자**: 畫 그림 화 | 龍 용 룡 | 點 점 점 | 睛 눈동자 정
- **출전**: <수형기>
- **뜻풀이**: '용을 그린 다음 마지막으로 눈동자를 그린다'는 뜻으로, 어떤 일을 할 때 가장 중요한 일을 마무리함을 의미.

유래

양나라에 장승요라는 뛰어난 화가가 있었어요.

어느 날, 스님이 찾아와 용을 그려 달라고 부탁했어요. 장승요는 절 벽에 그리는 그림이라 더 공을 들여 그리기 시작했어요.

사람들은 하늘로 오르는 용 그림을 보며 감탄했어요.

"어? 그런데 왜 용의 눈동자는 그리지 않습니까?"

사람들이 고개를 갸웃거리며 묻자 장승요가 대답했어요.

"눈동자를 그리면 용이 바로 하늘로 날아오르기 때문이라네."

사람들은 용의 눈을 그려 시험해 보기로 했어요.

장승요가 붓으로 용의 눈동자를 찍자마자 천둥이 치고 번개가 번쩍이더니 용이 벽을 뚫고 나와 하늘로 솟구쳐 올랐어요. 사람들은 장승요의 그림 솜씨에 다시 한번 놀랐어요.

화중지병 畫中之餠

- **한자** 畫 그림 화 | 中 가운데 중 | 之 갈 지 | 餠 떡 병
- **출전** <삼국지> '위서'의 노육전
- **뜻풀이** 그림 속의 떡처럼 탐이 나도 어찌할 수 없음을 뜻함.

유래

삼국 시대, 위나라의 명제 조예는 노육이라는 신하를 무척 아꼈어요. 노육은 늘 정직하고 성실해서 많은 사람들이 그를 존경했어요.

조예는 노육에게 조정에서 일할 인재를 뽑는 이부상서라는 높은 벼슬을 내리며 말했어요.

"인재를 뽑을 때는 그대 같은 사람을 고르시게. 세상에 널리 알려진 사람은 안 되네."

"유명한 사람이 더 낫지 않겠습니까?"

노육이 묻자 조예가 말을 이었어요.

"유명인은 안 되네. 그들은 마치 땅에다 그린 그림 속의 떡과 같은 것이라네."

그제야 노육도 조예의 마음을 이해하고 고개를 끄덕였어요.

조예는 명성이 높은 사람은 마음대로 부리기 힘들기 때문에 신하로 임명하기가 부담스러웠던 거예요.

교훈과 재치가 가득 담긴

속 담

가는 날이 장날

전혀 뜻하지 않았던 일이 우연히 딱 들어맞았을 때 쓰는 말이에요. 좋은 일이 될 수도 있고, 나쁜 일이 될 수도 있지요. 세상 모든 일이 계획한 대로 이루어지는 것은 아니니까요.

비슷한 속담: 가는 날이 생일

가는 말이 고와야 오는 말이 곱다

내가 먼저 고운 말을 해야 상대방도 나에게 곱게 말한다는 뜻이에요. 사람들 사이의 다툼은 주로 말에서 비롯되니 항상 조심해야 해요.

비슷한 속담: 가는 정이 있어야 오는 정이 있다

가는 방망이 오는 홍두깨

한쪽에서 방망이로 때리면, 다른 한쪽에서는 훨씬 더 큰 홍두깨로 때린다는 말이에요. 섣불리 남을 해치려고 하다가 오히려 더 큰 화를 입는다는 뜻이지요.

가는 토끼 잡으려다 잡은 토끼 놓친다

지나치게 욕심을 부려서 이미 이룬 일까지 실패로 만들고, 한 가지 일도 이루지 못한다는 말이에요.

비슷한 속담: 산돼지를 잡으려다가 집돼지까지 잃는다

가랑잎이 솔잎더러 바스락거린다고 한다

넓적한 가랑잎이 바늘 같은 솔잎보다 더 큰 소리를 내면서 도리어 솔잎한테 바스락거린다고 나무란다는 뜻으로, 자신의 큰 허물은 생각하지 않고 남의 작은 허물만 들추어 나무라는 것을 비유하는 말이에요.

비슷한 속담: 똥 묻은 개가 겨 묻은 개 나무란다, 겨울바람이 봄바람보고 춥다 한다

가루는 칠수록 고와지고 말은 할수록 거칠어진다

가루는 체에 칠수록 고와지지만 말은 이 사람, 저 사람에게 옮겨 갈수록 보태져서 거칠어진다는 뜻이에요. 말이 많으면 해로운 일만 늘게 마련이니 조심하고 경계하라는 뜻이지요.

가물에 콩 나듯

가뭄에는 콩을 심어도 제대로 싹이 트지 못하고 드문드문 난다는 뜻으로, 어떤 일이나 물건이 어쩌다 하나씩 드문드문 있을 때를 빗대어 쓰는 말이에요.

가재는 게 편

모양이 비슷하거나 형편이 서로 비슷하고 친분이 있는 것끼리 같은 편이 된다는 말이에요. 비슷한 친구들과 어울려 다닐 때 쓰는 '유유상종'과 같은 뜻이지요. 이왕이면 배울 점이 있는 친구들과 어울리면 좋겠지요.

가지 많은 나무에 바람 잘 날이 없다

가지가 많고 잎이 무성한 나무는 살랑거리는 바람에도 흔들리는 것처럼 자식이 많은 부모는 걱정거리가 끊이지 않고 할 일도 많아서 편할 날이 없다는 뜻이에요. '가지'는 자식, '나무'는 부모를 의미해요.

비슷한 속담: 새끼 많이 둔 소 길마 벗을 날 없다

간에 붙었다 쓸개에 붙었다 한다

자기에게 이로운 것만 좇아서 이쪽에 붙었다 저쪽에 붙었다 함을 비유하는 말이에요. 이렇게 행동하는 사람은 결국 믿음을 잃고 어느 쪽에서도 환영받지 못하지요.

간이라도 빼어 먹이겠다

아주 친한 사이로, 자신에게 소중한 어떠한 것도 아낌없이 내줄 수 있음을 비유하는 말이에요.

갈수록 태산

갈수록 더욱 어려운 일이 닥쳐온다는 뜻이에요. 하지만 아무리 힘든 일이 닥치더라도 희망을 잃지 않으면 반드시 이겨 낼 수 있어요.

비슷한 속담: 산 너머 산이다, 산은 오를수록 높고 물은 건널수록 깊다

감나무 밑에 누워서 홍시 떨어지기를 기다린다

아무런 노력도 하지 않으면서 좋은 결과가 이루어지기만을 바란다는 말이에요. 땀 흘리며 노력해서 얻은 것이야말로 정말 값진 결과지요.

값도 모르고 싸다 한다

일의 앞뒤 사정도 잘 모르면서 이러쿵저러쿵 말한다는 뜻이에요. 어떤 일이든 제대로 살펴보고 나서 말해야 실수가 없지요.

비슷한 속담: 값도 모르고 쌀자루 내민다

같은 값이면 다홍치마

값이 같거나, 같은 노력을 해야 하는 경우라면 품질이 더 좋은 것을 택한다는 뜻이에요. 사람이라면 누구나 당연히 품게 되는 생각이지요.

비슷한 속담: 같은 값이면 껌정소 잡아먹는다

같은 말도 툭 해서 다르고 탁 해서 다르다

같은 말이라도 이왕이면 좋게 표현하는 것이 훨씬 더 좋다는 말이에요. 말 한 마디로 상대방의 기분을 상하게 할 수도, 좋게 할 수도 있으니 언제나 다른 사람의 마음을 헤아려서 말하는 습관을 길러야 해요.

개같이 벌어서 정승같이 산다

돈을 벌 때는 어떤 일이라도 가리지 않고 하면서 벌고 쓸 때는 떳떳하고 보람 있게 쓰는 것을 비유하는 말이에요.

개구리 올챙이 적 생각 못 한다

지난날의 어려움, 또는 일이 서툴렀던 시절을 생각하지 않고 잘난 체하는 것을 말해요. 지난 일을 잊지 않고 겸손한 마음을 지녀야 더 큰 발전을 이룬다는 걸 잊지 마세요.

비슷한 속담: 올챙이 적 생각은 못 하고 개구리 된 생각만 한다

개구리 움츠리는 뜻은 멀리 뛰자는 뜻이다

힘이 없어서 주저앉는 것처럼 보이지만 실은 더 큰 뜻을 이루기 위해 준비하고 있다는 뜻이에요. 이렇게 준비하는 시간이 없으면 멀리 뛸 수도 없으니 어리석다고 비웃으면 안 되지요.

개도 주인을 알아본다

개도 자기를 돌봐주는 주인을 안다는 뜻으로, 은혜를 모르고 배은망덕한 사람을 꾸짖어 하는 말이에요.

비슷한 속담: 개도 제 주인을 보면 꼬리 친다

개똥도 약에 쓰려면 없다

아무리 보잘것없고 흔해빠진 것이라도 정작 꼭 필요할 때 찾으면 드물고 귀하다는 말이에요. 하찮은 것이라도 우습게 보고 함부로 다루지 말아야겠지요.

비슷한 속담: 까마귀 똥도 약이라니까 물에다 싼다

개미 구멍으로 공든 탑 무너진다

작은 실수로 인해 큰 손해를 본다는 뜻이에요. 작은 실수를 별일 아니라고 넘겨 버리면 나중에 큰 손실을 볼 수 있으니 어떤 일이든 신중한 태도로 임하고, 미리 대비하는 자세를 가져야 해요.

비슷한 속담: 공든 탑도 개미 구멍으로 무너진다

개 발에 편자

개의 발에 필요도 없는 편자를 단 것처럼 옷차림이나 지닌 물건이 격에 맞지 않아 도리어 흉하게 보인다는 말이에요. 무조건 화려하고 비싼 것으로 치장한다고 해서 멋지게 보이는 건 아니라는 뜻이지요.

개밥에 도토리

개는 도토리를 먹지 않아요. 그래서 밥 속에 들어 있어도 먹지 않고 남기지요. 이처럼 따로 떨어져서 무리와 어울리지 못하는 사람을 가리키는 말이에요.

개천에서 용 난다

변변치 못한 집안에서 훌륭한 인물이 나온다는 뜻이에요. 환경이 아무리 좋지 않더라도 노력하면 얼마든지 성공할 수 있다는 희망을 보여 주는 말이에요.

비슷한 속담: 개똥밭에 인물 난다

걷기도 전에 뛰려고 한다

쉽고 작은 일도 해내지 못하면서 단번에 어려운 것부터 하려고 나서는 것을 말해요. 이렇게 하면 제대로 될 리가 없지요.

비슷한 속담: 기지도 못하면서 뛰려 한다

겉 다르고 속 다르다

겉으로 드러나는 행동과 마음속으로 품고 있는 생각이 서로 다르다는 뜻이에요. 또는 마음속으로는 좋지 않게 생각하면서 겉으로는 좋은 척 꾸며서 행동하는 것을 말해요.

고기도 저 놀던 물이 좋다

평소에 익숙하던 곳이 좋다는 뜻이에요. 정든 고향이나 오래 가까이 지낸 사람들과 있는 것이 편하고 좋다는 말이지요.

고래 싸움에 새우 등 터진다

강자들끼리 다투는 사이에서 아무 상관도 없는 약자가 애꿎게 피해를 본다는 말이에요. 또는 남의 싸움에 아무 상관없는 다른 사람이 공연히 해를 입는다는 뜻이지요.

고생 끝에 낙이 온다

어렵고 힘든 일을 다 이겨 내고 나면 즐겁고 좋은 일도 생긴다는 뜻이에요. 당장 괴롭다고 해서 쉽게 포기하면 안 된다는 말이지요.

비슷한 속담: 태산을 넘으면 평지를 본다

고생을 사서 한다

잘못 처신해서 하지 않아도 될 고생을 하게 되었을 때나 여러 가지 중에서 자신이 스스로 어려운 일을 맡아서 고생한다는 말이에요.

고슴도치도 제 새끼는 제일 곱다고 한다

털이 바늘같이 뾰족하고 예쁠 게 없는 고슴도치도 제 새끼의 털이 부드럽다고 어여쁘게 여기는 것처럼 자기 자식의 나쁜 점은 모르고 오히려 자랑한다는 말이에요. 또는 부모 눈에는 제 자식이 다 잘나 보인다는 뜻이에요.

고양이는 발톱을 감춘다

재주 있는 사람이 능력을 드러내지 않고 숨기는 것을 말해요. 또는 남을 해치려는 속셈이 있으면서 겉으로는 그 생각을 숨긴다는 뜻이에요.

고양이 목에 방울 달기

실행하기 어려운 일을 쓸데없이 의논하는 것을 이르는 말이에요. 또는 현실적으로 불가능할 뿐만 아니라 오히려 피해만 보게 되는 어리석은 방법이라는 뜻이에요.

고양이 세수하듯

남이 하는 짓을 흉내만 내고 마는 것을 말해요. 또는 세수를 할 때 콧등에 물만 묻히는 정도로 대충 한다는 뜻으로도 쓰여요.

고양이한테 생선을 맡기다

고양이한테 생선을 맡기면 고양이가 먹을 게 뻔하다는 뜻으로, 귀한 물건을 믿을 수 없는 사람에게 맡기면 그 물건을 지켜내기는커녕 잃게 된다는 뜻이에요.

비슷한 속담: 도둑에게 열쇠 준다

고운 정 미운 정

오래 사귀어 서로 뜻이 맞기도, 다르기도 했지만 이런저런 고비를 이겨 내고 깊이 든 정을 말해요.

곪으면 터지는 법

살이 곪으면 터지는 것처럼 원한이나 갈등이 쌓이고 쌓이면 결국 터지고야 만다는 것을 비유하는 말이에요.

공든 탑이 무너지랴

힘과 정성을 다해서 한 일은 결코 헛되지 않아 반드시 좋은 결과를 얻게 된다는 말이에요. 어떤 일이든 공을 들여서 해야 제대로 된다는 뜻이지요.

구관이 명관이다

사람은 언제나 지나간 것을 더 좋게 여기고 그것을 아까워한다는 뜻이에요. 또는 어떤 일에 익숙한 사람이 훨씬 더 잘한다는 말이에요.
비슷한 속담: 나간 머슴이 일은 잘했다

구더기 무서워 장 못 담글까

조금 방해가 되는 것이 있더라도 마땅히 할 일은 어떻게든 해야 한다는 말이에요. 또는 큰일을 하려면 사소한 문제가 생기는 것을 두려워해서는 안 된다는 뜻이에요.

비슷한 속담: 장마가 무서워 호박을 못 심겠다

구렁이 담 넘어가듯

구렁이가 담을 넘을 때 소리가 전혀 나지 않아 아무도 모르는 것처럼 어떤 일을 처리할 때 슬그머니 남모르게 얼버무려 넘기려는 모습을 말해요.

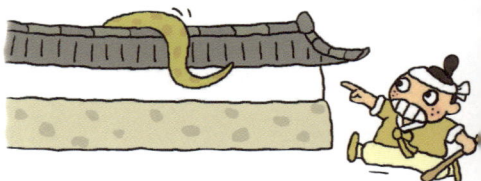

구멍은 깎을수록 커진다

잘못된 일을 변명하고 얼버무리려 하면 할수록 점점 더 크게 잘못되는 경우를 말해요. 이런 상황이 벌어지면 무척 답답하겠지요.

구슬이 서 말이라도 꿰어야 보배

아무리 좋은 것이라도 정성을 쏟아서 쓸모 있는 것으로 만들어 놓아야 가치가 있다는 뜻이에요. 좋은 재주를 가진 사람도 노력하지 않으면 빛을 보기 힘들다는 말이지요.

비슷한 속담: 진주가 열 그릇이나 꿰어야 구슬

굴러온 돌이 박힌 돌 뺀다

새로 온 사람이 오래 전부터 있던 사람을 내쫓거나 해치려 하는 것을 말해요. 이런 사람은 다른 사람들에게 원망을 사기 쉽지요.

비슷한 속담: 굴러온 돌한테 발등 다친다

굼벵이 구르는 재주 있다

아무리 보잘것없는 사람이라도 나름의 재주나 특기가 있으므로 너무 무시해서는 안 된다는 말이에요.

굿이나 보고 떡이나 먹지

남의 일에 쓸데없이 간섭하지 말고, 상황을 지켜보다가 자기에게 오는 이익을 챙기라는 뜻이에요. 골치 아픈 일에 얽히기 싫어하는 마음이 담겨 있는 말이지요.

궁지에 빠진 쥐가 고양이를 문다

아무리 약한 사람도 막다른 지경에 이르면 마지막 힘을 다해 반항한다는 말이에요. 상대가 약하다고 해서 함부로 몰아붙이기만 하다가는 큰코다칠 수 있어요.

궁하면 통한다

몹시 어려운 처지에 이르면 오히려 그것을 벗어날 수 있는 방법이 생긴다는 뜻이에요. 아무리 어려워도 끝까지 포기하지 말고 방법을 찾아보라는 말이지요.

귀신 씻나락 까먹는 소리

분명하지 않고 우물우물 말할 때나 엉뚱하고 쓸데없는 말을 할 때 비유적으로 하는 말이에요. 또는 조용한 데서 몇 사람이 수군거리는 소리를 비꼬는 말이기도 해요.

귀신이 곡할 노릇

모르는 것이 없는 귀신조차 알지 못하는 일이라는 뜻으로, 일이 몹시 기이하고 묘해 믿어지지 않을 때 쓰는 말이에요.

귀에 걸면 귀걸이 코에 걸면 코걸이

한 가지 사물이 이런 것도 같고 저런 것도 같아서 어느 한쪽으로 결정하기 어려울 때 쓰는 말이에요. 또 줏대 없이 이랬다 저랬다 하며 변덕을 부리는 사람에게도 이 말을 쓰지요.

그 나물에 그 밥

서로 어울리는 것끼리 짝이 되었다는 뜻이에요. 좋게 보는 마음보다는 나쁘게 보는 마음이 담겨 있는 경우가 많아요.

긁어 부스럼

긁지 않았더라면 부스럼이 나지 않았을 텐데 쓸데없이 긁어서 탈이 났다는 말이에요. 필요 없는 행동을 해서 스스로 화를 부른다는 뜻이지요.

비슷한 속담: 아무렇지도 않은 다리에 침놓기

금강산도 식후경

아무리 즐겁고 좋은 일이라도 배가 불러야 좋은 줄 알지, 배가 고프면 아무것도 느낄 수 없다는 말이에요.

비슷한 속담: 꽃구경도 식후사

금이야 옥이야

무엇을 다루는 데 매우 애지중지하여 금이나 옥처럼 아주 귀하게 여기는 모양을 가리키는 말이에요.

급하면 바늘허리에 실 매어 쓸까

아무리 급하더라도 일의 순서를 제대로 따라야 한다는 뜻이에요. 또는 아무리 급한 경우라도 도리에 어긋나는 행동을 하면 안 된다는 말이지요.

비슷한 속담: 급하다고 갓 쓰고 똥 싸랴

급히 먹는 밥이 목이 멘다

급한 일을 당할수록 침착하게 마음을 안정시키고 뒤돌아보는 여유가 필요하다는 뜻이에요. 당황해서 허둥대면 일을 그르치기 쉽지요.

길고 짧은 것은 대어 보아야 안다

잘잘못은 겨루어 보아야 정확히 알 수 있다는 말이에요. 또는 무슨 일이든 제대로 알려면 직접 경험해 보아야 한다는 뜻으로도 쓰여요.

비슷한 속담: 물은 건너 보아야 알고, 사람은 지내 보아야 안다

까마귀 고기를 먹었나

건망증이 있어 잘 잊어버리는 사람을 놀리거나 나무랄 때 하는 말이에요.

까마귀 날자 배 떨어진다

아무 생각 없이 한 일이 공교롭게도 다른 일과 때를 같이하여 일어나는 바람에 둘이 미리 계획해서 꾸민 것처럼 된 상황을 가리켜요. 이런 오해를 받는다면 정말 억울하지요.

꼬리가 길면 밟힌다

나쁜 일을 오랫동안 계속하면 끝내 들키고 만다는 뜻이에요. 그러니 나쁜 일은 아무리 큰 소득이 있더라도 빨리 그만두는 게 좋겠지요?

비슷한 속담: 고삐가 길면 밟힌다

꾸어다 놓은 보릿자루

여러 사람이 모여서 웃고 떠드는데 혼자만 따로 앉아 어울리지 못하는 사람을 이르는 말이에요. 이런 사람이 옆에 있으면 먼저 다가가 다정하게 말을 걸어 보세요.

꿀도 약이라면 쓰다

좋은 말이라도 충고라면 듣기 싫어한다는 뜻이에요. 듣기 싫더라도 진심어린 충고를 잘 들을 줄 알아야 실수를 줄일 수 있어요.

꿀 먹은 벙어리

꿀을 먹고도 맛이 어떻다고 말을 못 하는 것처럼 어떤 일에 대해 아무 말도 하지 않아 답답하게 만드는 사람을 이르는 말이에요.

꿈보다 해몽이 좋다

좋고 나쁜 것은 풀이하기에 달렸다는 말이에요. 또는 기본이 되는 재료는 비록 좋지 않더라도 그것을 다루는 솜씨가 좋으면 얼마든지 값지게 만들 수 있다는 뜻이지요.

비슷한 속담: 꿈은 아무렇게(잘못) 꾸어도 해몽만 잘하여라

꿩 대신 닭

꼭 필요한 것이 없을 때 그와 비슷한 것으로 대신하는 경우를 비유적으로 이르는 말이에요.

비슷한 속담: 봉 아니면 꿩이다

꿩 먹고 알 먹는다

한 가지 일을 해서 두 가지 이상의 이익을 보는 경우를 말해요. 예상한 것보다 훨씬 더 큰 이득을 보게 되니 정말 기분 좋겠지요?

비슷한 속담: 굿도 볼 겸 떡도 먹을 겸

나는 바담 풍(風) 해도 너는 바람 풍 해라

자신은 잘못된 행동을 하면서 남에게만 잘하라고 요구하는 말이에요. 또는 남의 잘못을 바로잡아 주다가 오히려 자기 잘못이 드러나 그것을 숨기려 하지만 잘 안 된다는 뜻이지요.

나는 새도 떨어뜨린다

권세가 대단해 두려울 것이 없고, 모든 일을 뜻대로 휘둘러 이루는 경우를 말해요. 하지만 권세를 마구 휘두르다가는 화를 입게 될 테니 신중하게 행동해야 해요.

나 먹기는 싫어도 남 주기는 아깝다

자기가 가지려 하니 마음이 내키지 않고, 막상 남에게 주려 하니 아깝다는 뜻이에요. 자신에게 아무 소용도 없으면서 남에게는 주기 싫은 인색한 마음을 비유적으로 이르는 말이에요.

비슷한 속담: 나 먹자니 싫고 개 주자니 아깝다

나무를 보고 숲을 보지 못한다

어떤 것의 부분만 보고 전체는 보지 못한다는 뜻이에요. 또는 눈앞의 이익에 눈이 멀어 더 크고 중요한 것을 제대로 살피지 못한다는 말이에요.

나무에 오르라 하고 흔드는 격

나무에 올라가라고 해 놓고는 떨어뜨리려고 흔든다는 말이에요. 처음에는 좋은 얼굴로 사람을 꾀어 놓고 위험한 곳이나 불행한 처지로 몰아넣는다는 뜻이지요.

나쁜 일은 천 리 밖에 난다

나쁜 일에 대한 소문은 먼 곳까지 빨리 퍼짐을 빗대어 하는 말이에요. 사람은 남을 칭찬하는 말보다 헐뜯고 깎아내리는 말을 더 많이 하기 때문에 나쁜 일일수록 금세 퍼지지요.

낙숫물이 댓돌을 뚫는다

한 방울 한 방울 떨어지는 낙숫물은 보잘것없어 보이지만 오랜 시간이 지나면 단단한 댓돌도 뚫을 수 있다는 말이에요. 작은 힘으로라도 꾸준히 노력하면 큰일을 이룰 수 있다는 뜻이지요.

날 잡아 잡수 한다

어떻게든 하고 싶은 대로 하라고 상대편에게 자기 몸을 내맡기는 경우를 빗대어 하는 말이에요.

남의 말이라면 쌍지팡이 짚고 나선다

남의 허물에 시비를 잘 걸고 나서는 사람을 비유해 이르는 말이에요. 이런 사람을 좋아할 사람은 아무도 없겠지요?

남의 밥에 든 콩이 굵어 보인다

자기가 가진 것보다 남이 가진 것이 좋아 보인다는 말이에요. 욕심이 많아서 남이 가진 것은 다 좋아 보인다며 갖고 싶어 하는 사람에게도 이 말을 쓰지요.

비슷한 속담: 제 떡보다 남의 떡이 커 보인다

남의 잔치에 감 놓아라 배 놓아라 한다

자기와 전혀 상관이 없는 일인데도 공연히 간섭하고 참견한다는 뜻이에요.

비슷한 속담: 사돈집 잔치에 감 놓아라 배 놓아라 한다

남의 흉이 한 가지면 제 흉은 열 가지

사람들은 흔히 남의 흉을 보려고 하지만 사실은 자기 흉이 그보다 더 많으니 함부로 남을 헐뜯지 말라는 말이에요. 남의 허물을 들추기보다 자신을 먼저 돌아보는 게 중요하다는 뜻이지요.

비슷한 속담: 남의 흉이 한 가지면 내 흉은 몇 가지냐

낫 놓고 기역 자도 모른다

낫을 눈앞에 두고도 낫 모양처럼 생긴 기역 자를 모를 만큼 무식하다는 뜻이에요. 또는 글자를 모르는 까막눈을 가리켜 쓰는 말이기도 해요.

낮말은 새가 듣고 밤말은 쥐가 듣는다

아무도 듣지 않는 곳이라 해도 말을 조심해야 한다는 뜻이에요. 아무리 비밀스럽게 한 말이라도 언젠가 다른 사람의 귀에 들어가기 때문에 항상 말조심을 하라는 말이지요.

내 돈 서 푼은 알고 남의 돈 칠 푼은 모른다

자기 돈은 소중하게 여기면서 그보다 더 많은 남의 돈은 대수롭지 않게 생각한다는 뜻이에요. 제 것만 소중하게 알고 남의 것은 아무리 귀한 것이라도 함부로 여기는 경우에 쓰는 말이지요.

내 얼굴에 침 뱉기

자신이 저지른 행동이 스스로를 욕하는 결과가 된다는 뜻이에요. 어떤 일이 스스로를 부끄럽게 만드는 줄도 모르고 뻔뻔하게 행동하는 경우에 쓰는 말이기도 해요.

비슷한 속담: 누워서 침 뱉기, 제 발등에 오줌 누기

내 코가 석 자

자기 사정이 너무 급해서 남을 돌아볼 여유가 없다는 말이에요. 코가 석 자나 빠져서 당장 어떻게든 해결을 해야 할 테니 그럴 만도 하지요.

냉수 먹고 이 쑤시기

겨우 냉수를 마셔 놓고 마치 고기라도 먹은 것처럼 이를 쑤시듯 실속은 전혀 없으면서 겉으로만 있는 체하는 것을 비유적으로 이르는 말이에요. 쓸데없는 짓을 한다는 뜻이기도 해요.

비슷한 속담: 냉수 먹고 갈비 트림 한다

놓친 고기가 더 커 보인다

현재 가지고 있는 것보다 먼저 것이 더 좋게 여겨져 안타까워한다는 말이에요. 거의 다 이루어진 일을 실패해서 더 아깝게 여겨진다는 뜻이지요.

누울 자리 봐 가며 발을 뻗어라

어떤 일을 할 때 나중에 일어날 결과를 예측해 가면서 미리미리 살핀 뒤 일을 시작하라는 말이에요. 또는 시간과 장소를 가려서 행동해야 한다는 말이지요.

비슷한 속담: 뒹굴 자리 보고 씨름판에 나가라, 발 뻗을 자리 보고 누웠다

누워서 떡 먹기

어떤 일이 아주 쉽고 자신 있다는 뜻이에요. 자신감이 철철 넘칠 때 쓰는 말이지요.

비슷한 속담: 누운 소 타기, 식은 죽 먹기

누이 좋고 매부 좋다

어떤 일에 있어서 여러 사람 모두에게 이롭고 좋다는 뜻이에요. 또는 한층 더 좋을 때 쓰이기도 해요.

눈 가리고 아웅

넘어가지도 않을 얕은꾀로 남을 속이려 한다는 뜻이에요. 속이 빤히 들여다보이는 얕은꾀를 쓰기보다 진실한 마음으로 대하는 게 훨씬 중요하지요.

비슷한 속담: 머리카락 뒤에서 숨바꼭질한다

늦게 배운 도둑이 날 새는 줄 모른다

남보다 뒤늦게 시작한 일에 깊이 빠져 있다는 뜻이에요. 아무리 늦게 시작한 일이라도 집중하면 누구보다 잘 해낼 수 있지요.

비슷한 속담: 늦게 시작한 도둑이 새벽 다 가는 줄 모른다

다 가도 문턱 못 넘기

어떤 일을 애써서 거의 다 해 놓고 마무리를 제대로 하지 못해서 노력한 보람이 없다는 말이에요.

비슷한 속담: 밤새도록 가도 문 못 들기

다 된 죽에 코 풀기

잘되어 가는 일을 끝에 가서 망쳐 버린다는 뜻이에요. 또는 남의 일이 잘되어 가는 것을 시기해 못된 방법으로 망쳐 버리는 것을 말해요.

비슷한 속담: 다 된 죽에 코 빠졌다, 잘되는 밥 가마에 재를 넣는다

다람쥐 쳇바퀴 돌 듯

앞으로 나아가지 않고 계속 제자리걸음만 하는 것을 말해요. 열심히 노력하는데도 별다른 발전이 없을 때 쓰는 말이기도 하지요.

단단한 땅에 물이 괸다

헤프게 쓰지 않고 아끼는 사람이 재물을 모은다는 뜻이에요. 버는 대로 써 버리는 것보다 나중을 위해 아끼고 저축하는 것이 현명하다는 말이지요.

비슷한 속담: 굳은 땅에 물이 괸다

달걀로 바위 치기

달걀로 바위를 치면 바위가 쪼개지지 않고 오히려 달걀이 깨지듯, 아무리 대항해도 도저히 이길 수 없을 때 하는 말이에요.

비슷한 속담: 바위에 머리 받기

달도 차면 기운다

모든 일이 한 번 성하고 나면 다시 줄어든다는 뜻이에요. 또 사람이 살다 보면 언제나 행운만 계속되는 것이 아니라는 의미도 있어요.

비슷한 속담: 달이 둥글면 이지러지고 그릇이 차면 넘친다

달리는 말에 채찍질

기세가 한창 좋을 때 더욱더 힘을 가한다는 말이에요. 어떤 일을 힘껏 하고 있는데도 자꾸만 더 하라고 재촉한다는 뜻이지요.

비슷한 속담: 닫는 말에도 채를 친다

달면 삼키고 쓰면 뱉는다

자기에게 유리할 때는 가까이하고 불리할 때는 모르는 척한다는 말로, 신의보다 눈앞에 나타난 제 이익만 더 따진다는 뜻이에요.

비슷한 속담: 맛이 좋으면 넘기고 쓰면 뱉는다, 추우면 다가들고 더우면 물러선다

닭 소 보듯, 소 닭 보듯

서로 마주 보고 있으면서도 모르는 척한다는 뜻이에요. 또는 속으로는 못마땅해하면서 말은 못 하고 노려보기만 하는 경우를 말하기도 해요.

닭 잡아먹고 오리발 내놓기

잘못이 드러났을 때 온갖 수단을 써서 남을 속이려 한다는 말이에요. 또 잘못을 저질러 놓고 자기가 하지 않은 것처럼 시치미를 뚝 떼고 있는 경우를 가리키기도 해요.

닭 쫓던 개 지붕 쳐다보듯

애써서 하던 일이 실패로 돌아갔을 때 쓰는 말이에요. 또는 함께 노력하고 경쟁하다가 혼자만 뒤처져서 어찌할 도리가 없어진 경우를 말해요.

비슷한 속담: 닭 쫓던 개 울타리 넘겨다보듯

담벼락하고 말하는 셈이다

아무리 말해도 알아듣지 못하거나 고집이 세서 남의 의견을 이해하려 하지 않고 받아들이지도 않는 상대와 말하는 것은 소용없다는 뜻이에요.

비슷한 속담: 너하고 말하느니 개하고 말하겠다

대장의 집에 식칼이 논다

칼을 만드는 대장장이의 집에 식칼이 없다는 뜻으로, 마땅히 있음직한 곳에 오히려 없는 경우가 많다는 말이에요.

비슷한 속담: 짚신장이 헌 신 신는다

더운죽에 혀 데기

뻔히 알면서도 어리석게 더운죽에 혀를 대서 덴다는 뜻으로, 그르칠 것이 뻔한 일을 할 때 하는 말이에요. 대단하지도 않은 일에 낭패를 봐 짧은 동안 어찌할 바를 모르는 경우를 뜻하기도 해요.

도둑을 맞으려면 개도 안 짖는다

운이 나빠서 일이 잘 안 풀리려면 모든 것이 제대로 되지 않는다는 뜻이에요. 또는 뜻밖의 낭패를 볼 때나 어처구니없는 잘못을 저지를 때 공연히 정신이 흐려지고, 다른 사람의 충고도 들리지 않는 경우를 말해요.

비슷한 속담: 운수가 사나우면 짖던 개도 안 짖는다

도둑이 제 발 저리다

지은 죄가 있으면 마음이 조마조마해진다는 뜻이에요. 또는 죄가 들통날까 봐 두려워한 나머지 스스로도 알지 못하는 사이에 자신의 잘못을 드러내 다른 사람이 알게 한다는 말이에요.

비슷한 속담: 도둑놈이 제 발자국에 놀란다

도랑 치고 가재 잡는다

어떤 일로 다른 일까지 더불어 이익을 보았을 때 하는 말이에요. 또는 일의 순서가 바뀌어 애쓴 보람이 나타나지 않을 때도 쓰여요.

도토리 키 재기

정도가 고만고만한 사람끼리 서로 잘났다고 다툼을 벌인다는 말이에요. 또는 실력이 비슷비슷해서 견주어 볼 필요가 없다는 의미로 쓰이기도 해요.

비슷한 속담: 난쟁이끼리 키 자랑하기

돌다리도 두들겨 보고 건너라

아무리 확실하고 틀림없는 일이라도 조심해서 하라는 말이에요. 어떤 일을 할 때 두 번, 세 번 확인하고 신중을 기하면 실수할 일이 없지요.

비슷한 속담: 아는 길도 물어 가랬다

돌을 차면 발부리만 아프다

쓸데없이 화를 내면 자기 자신만 해롭다는 뜻이에요. 화를 내기보다 크게 웃는 게 건강에 훨씬 좋겠지요. 기분 나쁜 일이 있더라도 화부터 내지 말고 마음을 차분하게 가라앉혀 보세요.

동에 번쩍 서에 번쩍

정처가 없고 걷잡을 수 없이 왔다 갔다 할 때 하는 말이에요. 여기저기 나타나는 것처럼 행동이 민첩함을 말하기도 해요.

돼지에 진주 목걸이

제 격에 맞지 않게 지나친 치장을 한다는 말이에요. 이렇게 하면 아름다워 보이기는커녕 오히려 더 추해 보일 수 있겠지요?

비슷한 속담: 개 발에 편자, 짚신에 국화 그리기

되로 주고 말로 받는다

남에게 줄 때는 조금 주고, 그 대가로는 몇 곱절이나 많이 받는 경우를 말해요.

비슷한 속담: 한 되 주고 한 섬 받는다

될성부른 나무는 떡잎부터 알아본다

잘 자라서 훌륭한 재목이 될 나무는 싹틀 때부터 알 수 있다는 말이에요. 즉, 크게 될 인물은 어릴 때부터 남다르다는 뜻이지요. 또 좋은 결과가 생길 일은 시작부터 잘된다는 의미도 있어요.

비슷한 속담: 열매 될 꽃은 첫 삼월부터 안다

두 손뼉이 맞아야 소리가 난다

무슨 일이든지 맞잡아 주는 사람 없이 혼자서 하기는 어렵다는 뜻이에요. 또는 말다툼이나 싸움이 벌어지는 것은 어느 한쪽에서만 잘못한 것이 아니라 양쪽 다 잘못했기 때문이라는 뜻도 있어요.

비슷한 속담: 도둑질을 해도 손이 맞아야 한다

둘이 먹다 하나 죽어도 모르겠다

음식 맛이 아주 좋아 곁에서 먹는 사람이 죽어도 모를 정도라는 뜻으로, 음식이 아주 맛있을 때 하는 말이에요.

드는 정은 몰라도 나는 정은 안다

어떤 사람이 좋아질 때는 스스로 알지도 못하는 사이에 마음을 빼앗기지만 싫어질 때는 명확히 알 수 있다는 말이에요.

드문드문 걸어도 황소걸음

앞으로 나아가는 속도는 소처럼 느리지만 그것이 오히려 믿음직스럽다는 뜻이에요. 또 큰 인물이 하는 일은 속도가 조금 더디고 느려도 멀리 내다보는 확실한 일이라는 뜻도 있어요.

비슷한 속담: 느릿느릿 걸어도 황소걸음

듣기 좋은 꽃노래도 한두 번이지

아무리 좋은 이야기라도 계속 들으면 싫어진다는 말이에요. 좋다고 끝없이 하려 들지 말고 적당한 때에 그만둘 줄도 알아야겠지요?

비슷한 속담: 듣기 좋은 육자배기도 한두 번

들어오는 복도 차 던진다

찾아오는 복도 막아 버린다는 뜻으로, 자신의 잘못으로 오는 복을 잃게 되는 경우를 말해요. 방정맞은 행동으로 일을 망친다는 말이지요.

등잔 밑이 어둡다

자신과 아주 가까운 곳에서 벌어지는 일은 먼 곳에서 일어나는 일보다 더 모른다는 뜻이에요. 또는 남의 일은 잘 알면서 정작 제 일은 잘 모르는 경우를 가리키기도 해요.

땅에서 솟았나 하늘에서 떨어졌나

전혀 기대하지 않던 것이 갑자기 나타났을 때 하는 말이에요. 또는 자기가 생겨난 근원인 부모나 조상을 몰라보는 사람을 깨우쳐 주는 말이지요.

땅 짚고 헤엄치기

어떤 일을 하기에 매우 쉽다는 말이에요. 또는 어떤 일이 의심할 여지없이 확실하다는 뜻이기도 해요.

비슷한 속담: 누워서 떡 먹기, 주먹으로 물 찧기

떡 본 김에 제사 지낸다

어떤 일을 하려고 생각하던 중 마침 우연히 기회가 닿아 일을 처리한다는 뜻이에요.

비슷한 속담: 떡 본 김에 굿한다, 소매 긴 김에 춤춘다

떡 줄 사람은 꿈도 안 꾸는데 김칫국부터 마신다

해 줄 사람은 생각도 하지 않고 있는데 이미 일이 다 이루어진 것처럼 여기고 기대에 부풀어 있는 경우를 가리켜요.

비슷한 속담: 앞집 떡 치는 소리 듣고 김칫국부터 마신다

똥 묻은 개가 겨 묻은 개 나무란다

자기 자신에게는 더 큰 흉이 있으면서 남의 작은 허물을 들추어 흉본다는 말이에요. 늘 자기 자신을 먼저 돌아보는 습관을 가져야겠지요?

비슷한 속담: 뒷간 기둥이 물방앗간 기둥을 더럽다 한다

똥이 무서워 피하나 더러워 피하지

약하거나 같잖은 사람을 상대하지 아니하고 피하는 것은 그가 무서워서가 아니라 상대할 가치가 없기 때문이라는 말이에요. 행실이 바르지 않은 사람과 겨루어 봤자 자신만 손해이니 피하는 게 오히려 낫다는 뜻이지요.

뛰는 놈 위에 나는 놈 있다

잘난 사람이 있으면 그보다 더 잘난 사람이 있다는 뜻이에요. 스스로 잘났다고 여기며 자만하는 것을 경계하는 의미가 담겨 있는 말이에요.

비슷한 속담: 기는 놈 위에 나는 놈 있다, 나는 놈 위에 타는 놈 있다

뛰어야 벼룩

도망쳐 봐야 크게 벗어날 수 없다는 뜻으로, 도망을 친다 해도 멀리 못 가 손쉽게 잡을 수 있을 때 하는 말이에요.

비슷한 속담: 뛰어 보았자 부처님 손바닥

마른하늘에 날벼락

뜻하지 않은 큰 재앙이나 불행한 일을 당했을 때를 일컫는 말이에요.

비슷한 속담: 맑은 하늘에 벼락 맞겠다

마파람에 게 눈 감추듯

언제 음식을 먹었는지 모를 만큼 빨리 먹어 버릴 때를 이르는 말이에요. 아주 배고플 때 음식을 보면 누구라도 이렇게 되지 않을까요?

비슷한 속담: 두꺼비 파리 잡아먹듯

말 안 하면 귀신도 모른다

누구든 마음속으로만 애태우지 말고 말을 해야 한다는 뜻이에요. 입을 꾹 다물고 있지 말고 할 말이 있을 때는 시원하게 자신의 의견을 표현하라는 말이지요.

비슷한 속담: 벙어리 속은 그 어미도 모른다

말이 씨가 된다

늘 말하던 것이 마침내 말대로 되었을 때 쓰는 말이에요. 기왕이면 좋은 말을 해서 좋은 결과를 가져오는 게 좋으니 늘 말을 조심해서 해야겠지요?

말 타면 경마 잡히고 싶다

한 가지를 이루면 다음에는 더 큰 욕심을 갖게 되는 것처럼 사람의 욕심은 끝이 없다는 뜻이에요. 욕심이 과하면 화를 입게 되니 늘 조심해야겠지요?

비슷한 속담: 바다는 메워도 사람의 욕심은 못 채운다

말 한 마디에 천 냥 빚도 갚는다

말솜씨가 좋으면 천 냥이나 되는 큰 빚도 갚을 수 있을 만큼 세상살이에서 말이 중요하다는 뜻이에요. 중요한 만큼 더욱 조심해서 말해야겠지요?

비슷한 속담: 말 한 마디에 천금이 오르내린다

망둥이가 뛰니까 꼴뚜기도 뛴다

남이 한다고 해서 그것과 아무 상관도 없고, 그렇게 할 만한 처지도 안 되는 사람이 공연히 나서서 설칠 때 하는 말이에요.

비슷한 속담: 숭어가 뛰니까 망둥이도 뛴다

매도 먼저 맞는 놈이 낫다

이왕 겪어야 할 일이라면 아무리 어렵고 힘들더라도 남보다 먼저 치르는 편이 낫다는 말이에요. 매를 맞을 때도 맨 뒤에 서 있으면 다른 사람이 매를 맞는 동안 불안에 떨어야 하니 먼저 맞고 홀가분해지는 게 낫지요.

먹기는 아귀같이 먹고 일은 장승같이 한다

먹기는 엄청나게 많이 먹으면서 일은 하지 않는 사람을 이르는 말이에요. 이런 사람을 가리켜서 '밥값도 못 한다'거나 '밥만 축낸다'고 하지요.

먹을 가까이하면 검어진다

나쁜 친구를 가까이하면 그와 마찬가지로 못된 사람이 된다는 뜻이에요. 좋지 못한 사람을 사귀면 그를 닮아 악에 물들게 됨을 비유적으로 이르는 말이지요.

메뚜기도 유월이 한철이다

메뚜기도 음력 유월이 한창 활동할 시기라는 뜻으로, 제때를 만난 듯이 한창 날뛰는 것을 이르는 말이에요. 또한 전성기는 얼마 되지 않으니 그때를 놓치지 말라는 뜻도 있어요.

비슷한 속담: 매화도 한철 국화도 한철

모르면 약이요 아는 게 병

아무것도 아는 것이 없으면 오히려 마음이 편하나 어떤 일에 대해 조금 알고 있으면 걱정만 되어 해롭다는 뜻이에요. 무엇이든 많이 안다고 해서 무조건 좋은 건 아니지요.

비슷한 속담: 모르는 것이 부처, 아는 게 병

목구멍이 포도청

먹고살기 위해 해서는 안 될 일까지 어쩔 수 없이 해야만 한다는 뜻이에요.

비슷한 속담: 입이 포도청

목마른 놈이 우물 판다

가장 급하고 필요한 사람이 서둘러서 그 일을 시작한다는 말이에요. 아무리 힘들고 어렵더라도 자신에게 필요하고 시급한 사람은 어떻게든 그 일을 하게 된다는 뜻이지요.

비슷한 속담: 갑갑한 놈이 송사한다

못된 송아지 엉덩이에 뿔이 난다

되지 못한 사람이 건방지고 나쁜 짓을 한다는 말이에요. 머리에 나야 할 뿔이 엉덩이에 나서 제멋대로 들이받고 다니는 꼴과 같다는 뜻이지요.

비슷한 속담: 못된 벌레가 장판 방에서 모로 긴다

못 먹는 감 찔러나 본다

자기가 차지하지 못할 바에는 차라리 아무도 갖지 못하도록 못 쓰게 만드는 뒤틀린 마음을 가리켜요. 이런 못된 마음을 '놀부 심보'라고 하지요.

비슷한 속담: 나 못 먹을 밥에는 재나 넣지

무소식이 희소식

대개 집안이나 신변에 어려운 일이나 슬픈 일이 있으면 기별을 하지요. 소식이 없다는 것은 별 탈 없이 지낸다는 뜻이니 기쁜 소식이나 다름없다는 말이에요.

무쇠도 갈면 바늘 된다

단단하고 무딘 쇠도 정성껏 갈면 가늘고 작은 바늘이 될 수 있다는 뜻이에요. 꾸준히 노력하면 아무리 어려운 일도 끝내 이룰 수 있다는 말이지요.

비슷한 속담: 낙숫물이 댓돌 뚫는다

무자식 상팔자

자식 없는 사람이 있는 사람보다 자식 키우는 걱정거리가 없어 편하다는 뜻이에요.

비슷한 속담: 자식 없는 것이 상팔자

물 밖에 난 고기

자신의 능력을 발휘할 수 없는 처지에 몰린 사람을 말하거나 운명이 이미 결정되어 벗어날 수 없을 때 하는 말이에요.

비슷한 속담: 뭍에 오른 고기

물에 빠지면 지푸라기라도 잡는다

사람이 몹시 위급한 처지에 이르면 무엇이든 닥치는 대로 잡고 매달리게 된다는 말이에요.

물에 빠진 놈 건져 놓으니까 내 봇짐 내라 한다

남에게 은혜를 입고도 그 고마움을 모르고 오히려 그 사람을 나무라고 원망한다는 말이에요. 이런 사람을 배은망덕하다고 하지요.

물은 건너 보아야 알고 사람은 지내 보아야 안다

사람은 처음에 봐서는 모르고 오랫동안 함께 지내면서 겪어 보아야 제대로 알 수 있다는 말이에요. 또는 어떤 일이나 사람을 바로 알려면 실제로 겪어 봐야 한다는 뜻이지요.

비슷한 속담: 깊고 얕은 물은 건너 보아야 안다

미꾸라지 한 마리가 온 웅덩이를 흐려 놓는다

좋지 못한 한 사람의 행동이 온 집 안이나 사회 전체를 어지럽히고 망친다는 말이에요. 어디서든 이런 미꾸라지 같은 사람이 되어서는 안 되겠지요?

미운 아이 떡 하나 더 준다

미운 사람일수록 더 친절하게 대해 주어 감정이 상하지 않도록 해야 한다는 뜻이에요. 괜히 미워하는 티를 냈다가는 나중에 앙갚음을 당할 수 있기 때문이지요.

비슷한 속담: 미운 사람에게는 쫓아가 인사한다

믿는 도끼에 발등 찍힌다

틀림없이 성공하리라 믿었던 일이 어긋나거나 굳게 믿고 있던 사람에게 배신을 당해 해를 입는 경우를 가리켜요.

비슷한 속담: 믿었던 돌에 발부리 채었다

밑 빠진 독에 물 붓기

어떤 일을 아무리 애써서 해도 끝이 없고, 보람도 없이 헛된 일이 되는 상황을 말해요. 또는 도저히 이루어질 가능성이 없는 일을 뜻하지요.

밑져야 본전

어떤 일을 벌이려 할 때 혹시 일이 잘못되더라도 손해 볼 일이 전혀 없다는 뜻으로 쓰여요. 손해 볼 것이 없으니 한번 해 봐야 한다는 말이지요.

바늘 가는 데 실 간다

바늘과 실이 항상 함께 사용되는 것처럼 서로 밀접한 관계가 있는 것끼리 늘 함께 있어야 함을 이르는 말이에요.

비슷한 속담: 바늘 가는 데 실 가고 바람 가는 데 구름 간다

바늘구멍으로 하늘 보기

보고 들은 것이 별로 없고 속이 깊지 못한 사람을 이르는 말이에요. 이런 사람일수록 자기 생각이 가장 옳다며 쓸데없는 고집을 잘 부리지요.

비슷한 속담: 댓구멍으로 하늘을 본다

바늘구멍으로 황소바람 들어온다

몹시 추울 때는 아무리 작은 구멍으로 새어 들어오는 바람이라도 몸서리를 칠 만큼 차다는 뜻이에요. 그래서 겨울이 되면 작은 틈새라도 꼭꼭 틀어막아서 바람이 들어오지 못하게 하지요.

바늘 도둑이 소도둑 된다

처음에 하찮은 물건을 훔치던 행동을 그대로 두면 나중에 큰 물건까지 훔치게 된다는 말이에요. 또는 나쁜 행동일수록 일찌감치 바로잡지 않으면 점점 더 심해진다는 뜻이에요.

비슷한 속담: 바늘 쌈지에서 도둑이 난다

바늘로 찔러도 피 한 방울 안 난다

몹시 야무지고 빈틈이 없다는 뜻이에요. 또는 지나치게 냉정해서 인정이라고는 찾아볼 수 없는 사람을 비유하는 말이에요.

바다는 메워도 사람의 욕심은 못 채운다

사람의 욕심은 끝이 없다는 뜻이에요. 하지만 욕심이 지나치면 결국 화를 입게 되지요. 그러니 마음을 비우고 지나친 욕심을 부리지 않도록 노력해야겠지요?

비슷한 속담: 되면 더 되고 싶다

바람 부는 대로 물결 치는 대로

자기의 형편대로 따른다는 뜻이에요. 또는 내 주관보다 주위 환경에 따라 일을 순리대로 한다는 말이지요.

바람 앞의 등불

언제 꺼질지 모르는 바람 앞의 등불처럼 몹시 위태로운 처지에 놓여 있다는 뜻이에요. 이런 상황에 놓여 있다면 얼마나 애가 탈까요?

받아 놓은 밥상

일이 확실해 조금도 틀림없는 경우를 비유하는 말이에요. 또는 이미 받아 놓은 밥상이라 물리지도 못하고 그렇다고 먹을 수도 없다는 뜻으로, 이러지도 저러지도 못하는 상황을 말해요.

발가락의 티눈만큼도 안 여긴다

발가락에 난 귀찮은 티눈만큼도 여기지 않는다는 뜻으로, 남을 몹시 깔보거나 업신여기는 것을 비유하는 말이에요.

발 없는 말이 천 리 간다

말은 한 번 입 밖으로 내뱉으면 저절로 퍼져 나간다는 말이에요. 그러므로 언제, 어디서나 말을 조심하라는 뜻이에요.

방귀 뀐 놈이 성낸다

자기가 방귀를 뀌고는 남에게 화를 낸다는 뜻으로, 잘못을 저지른 사람이 오히려 남에게 화를 낼 때 하는 말이에요.

비슷한 속담: 똥 싸고 성낸다

배보다 배꼽이 더 크다

마땅히 작아야 할 것이 크고, 커야 할 것이 작을 때 쓰는 말이에요. 기본이 되는 것보다 그에 딸린 것이 더 많거나 큰 경우를 뜻해요.

비슷한 속담: 바늘보다 실이 더 굵다, 발보다 발가락이 더 크다

백 번 듣는 것이 한 번 보는 것만 못하다

아무리 많이 듣는다 해도 직접 보는 것보다 확실하지 않다는 뜻이에요. 이론보다 실제 경험이 훨씬 더 중요하다는 뜻도 있어요. 이를 '백문이 불여일견'이라고 하지요.

백지장도 맞들면 낫다

아무리 쉬운 일이라도 혼자 하는 것보다 서로 힘을 합치는 게 훨씬 더 쉽다는 말이에요. 이렇게 한다면 뭐든지 쉽게 해낼 수 있겠지요?

뱁새가 황새를 따라가면 다리가 찢어진다

다리가 짧은 뱁새가 다리가 긴 황새를 따라가려고 하면 크게 탈이 난다는 말이에요. 즉, 남이 한다고 해서 자기 능력은 생각하지도 않고 무조건 따라 하다가는 큰 화를 당한다는 뜻이지요.

비슷한 속담: 촉새가 황새를 따라가다 가랑이 찢어진다

번개가 잦으면 천둥을 한다

앞서서 어떤 조짐이 자주 보이면 결국 그 일이 이루어지고야 만다는 뜻이에요. 만약 그 조짐이 나쁜 것이라면 일이 이루어지지 않도록 미리 대비하고 조심해야겠지요?

번갯불에 콩 볶아 먹겠다

순간적으로 번쩍하는 번갯불에 콩을 볶아 먹을 만큼 행동이 매우 재빠를 때 하는 말이에요. 또는 조급한 성미를 말하기도 하지요.

벙어리 냉가슴 앓듯

말을 못 하는 사람이 안타까운 마음을 하소연할 길이 없어 속만 태운다는 뜻으로, 답답한 사정이 있어도 남에게 말하지 않고 혼자서만 괴로워하는 경우를 말해요.

벼룩도 낯짝이 있다

지나치게 뻔뻔하고 염치없는 사람을 두고 하는 말이에요. 아주 작은 벼룩도 체면이 있는데 그보다도 못하니 뻔뻔한 정도가 얼마나 심한지 짐작할 수 있지요.

비슷한 속담: 빈대도 콧등이 있다

벼 이삭은 익을수록 고개를 숙인다

실력이 뛰어나고 성품이 훌륭한 사람일수록 자기 자신을 낮추고 겸손하다는 뜻이에요. 겸손의 미덕을 강조하는 말이지요.

병 주고 약 준다

병을 앓게 만들어 놓고는 치료할 약을 준다는 뜻으로, 어떤 일을 방해해서 망쳐 놓은 뒤 다시 나서서 도와준다는 말이에요.

비슷한 속담: 등 치고 배 만진다, 술 먹여 놓고 해장 가자 부른다

보기 좋은 떡이 먹기도 좋다

내용이 좋으면 겉모양도 반반함을 비유적으로 이르는 말이에요. 속을 가꾸는 것도 중요하지만 겉모양새를 잘 꾸미는 것도 필요하다는 뜻이지요.

부뚜막의 소금도 집어넣어야 짜다

부뚜막에 있는 소금도 넣지 않으면 짠맛이 나지 않는 것처럼 아무리 쉬운 일이라도 스스로 힘을 들이지 않으면 이익을 가져오지 않는다는 뜻이에요. 실천의 중요성을 강조하는 말이지요.

비슷한 속담: 가마 속의 콩도 삶아야 먹는다

불난 집에 부채질한다

잔뜩 화가 나 있는 사람의 화를 돋우어 더더욱 화나게 만들었을 때 하는 말이에요. 또는 다른 사람이 화를 당했을 때 더 못되게 굴면서 괴롭히는 경우에도 쓰지요.

비슷한 속담: 불난 데 풀무질한다, 불난 집에 키 들고 간다

비단옷 입고 밤길 가기

비단옷을 입고 어두운 밤길을 걸으면 아무도 알아주지 않는 것처럼 많은 노력을 하고도 생색이 나지 않고 보람이 없을 때 하는 말이에요.

비를 드니까 마당을 쓸라 한다

스스로 어떤 일을 막 하려고 하는데 다른 사람이 그 일에 간섭해 기분을 망쳐 놓을 때 쓰는 말이에요. 이렇게 되면 기분이 나빠 하려던 일도 하기 싫어지지요.

비 온 뒤에 땅이 굳어진다

비가 내려 질척거리던 흙이 마르면서 단단하게 굳는 것처럼 어떤 어려움을 겪은 뒤에 더 강해짐을 뜻하는 말이에요. 그러니 일을 하다 어려움이 닥치더라도 끝까지 포기하지 말고 해야겠지요?

빈 수레가 요란하다

아는 사람은 가만히 있는데 잘 알지도 못하는 사람이 오히려 더 아는 체하며 나서서 떠든다는 말이에요. 또는 가난한 사람이 오히려 있는 척하면서 거들먹거릴 때를 가리키기도 해요.

비슷한 속담: 속이 빈 깡통이 소리만 요란하다

빛 좋은 개살구

겉으로는 먹음직스럽게 생겼지만 실제 맛은 없는 개살구처럼 겉모양은 그럴 듯하게 좋지만 실속이 없다는 뜻이에요.

뿌리 깊은 나무 가뭄 안 탄다

땅속 깊이 뿌리를 내린 나무는 가뭄에도 말라 죽는 일이 없다는 말이에요. 무엇이나 근원이 깊고 튼튼하면 큰 어려움이 닥쳐도 쉽게 흔들리지 않고 오래 견딘다는 뜻이지요.

사공이 많으면 배가 산으로 간다

일을 주관하는 사람 없이 여러 사람이 자기주장만 내세우면 어떤 일을 이루어 내기가 어렵다는 뜻이에요.

비슷한 속담: 목수가 많으면 기둥이 기울어진다

사람 나고 돈 났지 돈 나고 사람 났나

돈이 아무리 귀해도 사람보다 더 귀할 수는 없다는 뜻이에요. 돈밖에 모르는 사람을 비난하는 말이지요.

사람 위에 사람 없고 사람 밑에 사람 없다

사람은 본래 태어날 때부터 권리나 의무가 평등하다는 뜻이에요. 그러니 저마다 자신이 귀한 존재라는 생각을 가지고 스스로를 아끼고 사랑해야겠지요?

사촌이 땅을 사면 배가 아프다

사촌이 땅을 사고 자신은 사지 못하면 질투심이 일어서 마음이 편치 않다는 말이에요. 남이 잘되는 것을 기뻐해 주지 않고 오히려 질투하고 시기할 때 쓰여요.

산에 가야 범을 잡지

무슨 일이든 발 벗고 나서서 움직여야 그 일을 이룰 수 있다는 말이에요. 또는 어떤 일을 이루려면 먼저 방향을 제대로 잡아서 노력해야 한다는 뜻이지요.

비슷한 속담: 산엘 가야 꿩을 잡고 바다엘 가야 고기를 잡는다

산 입에 거미줄 치랴

거미가 사람의 입안에 거미줄을 치려면 사람이 아무것도 먹지 않아야 하는 것처럼 아무리 가난해도 어떻게 해서든 굶어죽지 않고 살아갈 수 있다는 말이에요.

새 발의 피

'가느다란 새의 발에서 흐르는 피'라는 뜻으로, 아주 하찮은 일이나 필요한 양에 비해 매우 적은 양을 뜻하는 말이에요.

서당 개 삼 년에 풍월을 한다

아무리 무식한 사람이라도 유식한 사람과 오랫동안 함께 지내면 자연히 견문이 넓어진다는 말이에요. 또는 어떤 일을 하는 것을 오래도록 보고 듣다 보면 자연히 그 일을 할 줄 알게 된다는 뜻이지요.

선무당이 사람 잡는다

어떤 일에 능숙하지 못하고, 잘 알지도 못하면서 공연히 아는 체하여 일을 아주 그르치는 경우를 가리켜요.

비슷한 속담: 어설픈 약국이 사람 죽인다

설마가 사람 잡는다

'설마 그럴 리 없겠지.' 하면서 안심하고 있던 일에 크게 낭패를 본다는 뜻이에요. 이런 일을 당하지 않으려면 작은 문제라도 꼼꼼히 챙겨 일이 잘못되지 않도록 잘 살펴야겠지요.

섶을 지고 불로 들어가려 한다

불이 잘 붙는 섶나무를 지고 불로 뛰어드는 것처럼 앞뒤 가리지 못하고 미련하게 행동한다는 말이에요.

세 살 적 버릇이 여든까지 간다

어릴 때 몸에 밴 버릇은 늙어 죽을 때까지 고치기가 힘들다는 뜻이에요. 그러니 어려서부터 좋은 버릇을 들이도록 애써야 하지요.

비슷한 속담: 제 버릇 개 줄까

세월은 사람을 기다려 주지 않는다

게으름을 피우면서 꾸물거리다가는 할 일을 제때 마치지 못하니 무슨 일이든 시간을 아껴서 부지런히 힘써야 한다는 말이에요. 또는 젊은 시절에는 인생이 길게 느껴지지만 늙은 뒤에는 인생이 얼마나 짧은지 깨닫게 된다는 뜻이지요.

세월이 약

마음이 상해 괴로워하던 일도 세월이 지나면 잊어버리게 된다는 뜻으로, 지금 죽을 만큼 힘들더라도 시간이 지나면 그 고통이 점점 약해지니 기운 내라는 의미예요.

소 뒷걸음질 치다 쥐 잡기

우연히 공을 세웠을 때 쓰는 말이에요. 이처럼 뜻밖의 행운을 만나면 정말 기분 좋겠지요? 물론 자신의 능력으로 이루어 낸 일이 아니라서 좀 멋쩍기는 하겠지요.

소문난 잔치에 먹을 것 없다

떠들썩한 소문이나 큰 기대에 비해 실속이 없거나 소문과 일치하지 않을 때 쓰는 말이에요.

비슷한 속담: 이름난 잔치 배고프다

소 잃고 외양간 고친다

평소에 대비하지 않고 있다가 어떤 일에 크게 낭패를 본 뒤에야 뒤늦게 깨닫고 대비한다는 말이에요. 일을 이미 그르친 뒤에는 아무리 뉘우쳐도 소용없다는 뜻이지요.

비슷한 속담: 도둑맞고 사립 고친다

쇠귀에 경 읽기

소의 귀에 대고 경을 읽어 봐야 알아듣지 못하는 것처럼 아무리 열심히 가르치고 일러 주어도 이해하지 못하는 경우를 말해요.

쇠뿔도 단 김에 빼랬다

무슨 일이든 한번 하기로 마음먹었으면 한창 의욕이 생겼을 때 당장 해치워야 좋다는 뜻이에요. 또는 어떤 일에 적극적으로 달려들어야 성공하기가 쉽다는 말이지요.

수박 겉 핥기

맛있는 수박의 딱딱한 겉만 핥고 있다는 뜻으로, 자세한 내용이나 참뜻은 모르고 일하는 것을 말해요. 또는 어떤 일을 제대로 하지 않고 대충 한다는 의미도 있어요.

비슷한 속담: 꿀단지 겉 핥기

술에 술 탄 듯 물에 물 탄 듯

자신의 의견이나 주장 없이 말이나 행동이 분명하지 않을 때 하는 말이에요. 또는 아무리 바꾸려고 해도 본바탕은 조금도 변하지 않는 상태를 비유할 때 써요.

시작이 반이다

어떤 일이라도 시작이 중요하며, 일단 시작하기만 하면 성공할 가능성이 반쯤은 보인다는 말이에요. 생각만 하지 말고 계획을 세웠으면 실천하는 것이 중요하다는 뜻이지요.

시장이 반찬

배가 몹시 고플 때는 어떤 음식이든 다 맛있다는 뜻이에요. 이런 경우에는 반찬 투정할 일도 거의 없겠지요?

비슷한 속담: 시장이 팥죽

신선놀음에 도낏자루 썩는 줄 모른다

아주 재미있는 일에 정신이 팔려서 시간 가는 줄도 모르고, 일이 돌아가는 형편도 모른다는 뜻이에요.

십 년이면 강산도 변한다

10년의 세월이 흐르는 동안 세상이 몰라보게 변한다는 말이에요. 요즘처럼 세상이 빠르게 변해 가면 그 절반인 5년만 지나도 많은 것들이 변할 거예요.

싼 것이 비지떡

값이 싼 물건은 당연히 품질도 별로 좋지 않다는 말이에요. 값도 싸고 품질도 좋은 물건을 판다면 사람들이 많이 찾겠지요?

비슷한 속담: 값싼 비지떡

쌀은 쏟고 주워도 말은 하고 못 줍는다

말은 한 번 하고 나면 돌이킬 수 없기 때문에 항상 조심해야 한다는 말이에요. 그러니 말을 하기 전에 세 번 생각하라는 말도 생겨났겠지요?

비슷한 속담: 살은 쏘고 주워도 말은 하고 못 줍는다

썩어도 준치

값어치가 있는 물건은 썩거나 상해도 본래의 값어치를 어느 정도는 지니고 있다는 뜻이에요. 하지만 처음에 지닌 값어치가 그대로 유지되는 것은 아니지요.

비슷한 속담: 물어도 준치 썩어도 생치

쓰다 달다 말이 없다

어떤 일에 전혀 상관하지 않거나 자신의 의견을 표현하지 않는 경우를 말해요. 이러면 상대방은 무척 답답하지요.

비슷한 속담: 검다 희다 말이 없다

쓴맛 단맛 다 보았다

세상의 괴로움과 즐거움을 모두 겪었을 때 쓰는 말이에요. 이럴 때 '산전수전 다 겪었다'고 말하지요.

쓴 배(개살구)도 맛 들일 탓

시고 떫은 개살구도 자꾸 먹어 맛을 들이면 그 맛을 좋아하게 된다는 뜻이에요. 정을 붙이면 처음에 나빠 보이던 것도 점차 좋아짐을 비유적으로 이르는 말이지요.

쓴 약이 더 좋다

비판하거나 꾸짖는 말이 당장 듣기에는 좋지 않지만 잘 받아들이면 이롭다는 뜻이에요.

아니 땐 굴뚝에 연기 날까

어떤 일이든지 일어난 원인이 있기 때문에 결과가 있다는 뜻이에요. 또는 말이 나오는 것은 실제로 그런 일이 있었거나 빌미가 될 만한 무엇이 있었기 때문이라는 의미로도 쓰여요.

비슷한 속담: 아니 때린 장구 북소리 날까, 뿌리 없는 나무에 잎이 필까

아닌 밤중에 홍두깨

미처 생각지도 못한 말이나 행동을 할 때, 또는 그 일을 당할 때 쓰는 말이에요. 이럴 때 상대방은 영문을 몰라 무척 황당스러워하지요.

비슷한 속담: 어두운 밤에 주먹질, 자다가 봉창 두드린다

아랫돌 빼서 윗돌 괴고 윗돌 빼서 아랫돌 괴기

문제를 임시방편으로 해결하기 위해 이리저리 돌려서 겨우 버틴다는 뜻이에요. 꾼 돈을 갚기 위해 또 다른 사람에게 돈을 꿀 때 할 수 있는 말이지요.

아이 보는 데는 찬물도 못 마신다

아이들은 어른이 하는 대로 무조건 따라 하려고 하기 때문에 그 앞에서는 늘 행동을 조심해야 한다는 말이에요.

아이 싸움이 어른 싸움 된다

처음에는 아이들끼리 싸우던 것이 나중에는 그 부모들까지 나서서 싸우게 되는 것을 말해요. 또는 대수롭지 않은 일이 점점 큰일로 번질 때 하는 말이에요.

앉아 주고 서서 받는다

돈을 빌려 줄 때는 편히 앉아서 내주지만 그 돈을 받을 때는 어려움이 무척 많다는 뜻이에요. 돈을 꾼 사람이 신용을 잘 지켜서 갚으면 이런 말도 나오지 않을 거예요.

앓던 이 빠진 것 같다

오랫동안 걱정했던 일이 해결되어 속이 시원하다는 말이에요. 또는 잘 해결되지 않던 문제가 시원스럽게 해결되었다는 뜻이지요.

약방에 감초

감초는 약방에서 가장 흔하게 쓰이는 약초로, 어떤 환자에게 쓰는 약이든 감초가 빠지는 경우는 거의 없어요. 이처럼 어떤 일에나 빠짐없이 끼어드는 사람 또는 꼭 있어야 할 물건을 말해요.

얌전한 고양이 부뚜막에 먼저 올라간다

겉으로는 얌전한 척 아무것도 못 할 것처럼 보이는 사람이 옳지 못한 일을 하거나 자기 실속을 차리는 경우에 쓰는 말이에요.

어느 장단에 춤추랴

어떤 일을 주관하는 사람이 많아서 누구의 말을 따라야 할지 모를 때 하는 말이에요.

비슷한 속담: 그 장단 춤추기 어렵다

어르고 뺨 치기

그럴 듯한 말로 꾀어 은근히 남을 해롭게 할 때 하는 말이에요. 겉으로는 잘해 주는 척하면서 사실은 골려 주는 것이지요.

비슷한 속담: 어르고 등골 뺀다

어른 말을 들으면 자다가도 떡이 생긴다

어른이 시키는 대로 하면 일에 실수가 없을 뿐만 아니라 여러 가지로 이익이 된다는 뜻이에요. 어른이 하는 말을 세대 차이가 난다고 무시하거나 잔소리로 여기지 말고 마음에 새겨들어야 해요.

어물전 망신은 꼴뚜기가 시킨다

못난 사람일수록 같이 있는 동료를 망신시킨다는 말이에요. 언제, 어디에서든 꼴뚜기 같은 사람이 되지 않도록 노력해야겠지요?

비슷한 속담: 과일 망신은 모과가 시킨다

언 발에 오줌 누기

꽁꽁 언 발에 오줌을 누면 잠깐 동안은 따뜻하지만 이내 다시 얼어서 발이 더 시리게 되는 것처럼 잠시 효력은 있지만 그 효력은 곧 없어지고 나중에는 일을 더 그르치게 된다는 뜻이에요. 앞을 내다보지 못하는 어리석은 경우를 가리키지요.

엎드려 절 받기

상대편은 그럴 마음이 없는데 자기 스스로 나서서 요구하여 대접을 받는다는 말이에요. 하는 사람도, 받는 사람도 썩 달갑지 않은 상황이지요.

비슷한 속담: 옆구리 찔러서 절 받기

엎어지면 코 닿을 데

엎어져도 코가 닿을 만큼 매우 가까운 거리를 비유적으로 이르는 말이에요.

비슷한 속담: 넘어지면 코 닿을 데

열 길 물속은 알아도 한 길 사람의 속은 모른다

물은 아무리 깊어도 그 깊이를 잴 수 있고 훤히 들여다볼 수 있지만 사람의 속마음은 매우 알기 어렵다는 뜻이에요.

열 번 찍어 아니 넘어가는 나무 없다

어떤 일이든 계속해서 노력하면 끝내 뜻을 이루게 된다는 말이에요. 또는 아무리 뜻이 굳은 사람이라도 여러 번 권하거나 달래면 결국 마음을 바꾼다는 뜻이지요.

열 손가락 깨물어 안 아픈 손가락이 없다

자식이 아무리 많아도 부모에게는 하나같이 다 소중하고 귀하다는 뜻이에요. 부모님이 잘난 자식만 예뻐한다고 생각하는 사람이 있다면 지금 당장 그런 생각을 버리세요.

염불에는 맘이 없고 잿밥에만 맘이 있다

자기가 마땅히 해야 할 일에는 정성을 쏟지 않으면서 욕심을 채우는 데만 마음을 쓰는 경우를 말해요.

비슷한 속담: 제사보다 젯밥에 정신이 있다

옛말 그른 데 없다

옛날부터 전해 내려오는 말은 잘못된 것이 없으니 늘 명심해야 한다는 말이에요.

오르지 못할 나무는 쳐다보지도 마라

자신이 할 수 있는 능력 밖의 불가능한 일에 대해서는 처음부터 욕심을 내지 않는 것이 좋다는 말이에요.

오 리를 보고 십 리를 간다

장사하는 사람은 아주 적은 돈이라도 벌 수만 있다면 큰 고생을 무릅쓴다는 뜻으로, 아주 작은 일이라도 자신에게 이롭다면 수고를 아끼지 않는 것을 말하기도 해요. 장사하는 사람이 돈에 집착하는 것을 빗대어 하는 말이지요.

옥에도 티가 있다

나무랄 데 없이 완벽해 보이는 사람 또는 일에도 한 가지 흠은 있다는 말이에요. 그러니 모든 일에 너무 자만하지 말고 겸손하고 조심하라는 뜻이 담겨 있어요.

우는 아이 젖 준다

무슨 일이든 자기가 스스로 나서서 요구해야 원하는 것을 구할 수 있다는 뜻이에요.

비슷한 속담: 울지 않는 아이 젖 주랴

우물 안 개구리

넓은 세상의 형편을 알지 못하는 어리석은 사람을 가리키는 말이에요. 또는 견문이 좁아서 자기 혼자만 잘난 줄 아는 사람을 가리켜요.

우물에 가 숭늉 찾는다

모든 일에는 순서가 있게 마련인데, 일의 순서를 생각하지 않고 성급하게 덤비거나 되지도 않는 욕심을 부린다는 뜻이에요.

비슷한 속담: 콩밭에 가서 두부 찾는다

우물을 파도 한 우물을 파라

우물을 팔 때 물이 쉽게 나오지 않는다고 여기저기 옮겨 다니면서 파면 공연히 힘만 들고 물은 구하지 못하게 되는 것처럼 어떤 일이든 끝까지 매달려서 해야 성공할 수 있다는 말이에요.

울며 겨자 먹기

맵다고 울면서도 겨자를 먹는 것처럼 하기 싫은 일을 억지로 할 수밖에 없는 경우를 말해요. 마지못해 하는 일은 좋은 결과를 얻기 어렵겠지요?

비슷한 속담: 눈물 흘리면서 겨자 먹기

원님 덕에 나팔 분다

높은 사람을 따르다가 그 덕으로 분수에 넘치는 영광을 입는다는 뜻이에요. 가까이 있던 사람이 좋은 대접을 받게 되어 자기까지 덩달아 같은 대접을 받게 된다는 말이지요.

원수는 외나무다리에서 만난다

싫어하는 사람을 피할 수 없는 곳에서 만나게 되었을 때 하는 말이에요. 또는 남에게 나쁜 짓을 하면 반드시 그 죗값을 받을 때가 돌아온다는 뜻이기도 해요.

원숭이도 나무에서 떨어진다

어떤 일에 아무리 익숙하고 뛰어난 사람이라도 어쩌다 실수하는 때가 있다는 말이에요. 그러니 아무리 자신 있는 일이라도 자만해서는 안 되지요.

윗물이 맑아야 아랫물이 맑다

높은 지위에 있는 사람이 먼저 모범을 보여야 아랫사람들도 그것을 본받아서 바르게 행동한다는 뜻이에요. 또는 부모가 잘해야 자식이 보고 배운다는 의미도 있어요.

입술에 침이나 바르지

속이 뻔히 들여다보이게 거짓말을 하는 사람에게 그만두라고 핀잔할 때 하는 말이에요.

비슷한 속담: 혓바닥에 침이나 묻혀라

입술이 없으면 이가 시리다

서로 밀접한 관계에 있던 둘 중 하나가 망하면 다른 하나도 망하게 되는 경우를 말해요. 이런 경우 둘 다 잘되려면 혼자만 살려고 하지 말고 서로 배려하며 도우려는 마음을 지녀야 해요.

입이 열 개라도 할 말이 없다

자신의 잘못이 확실히 드러나서 변명할 수 없을 때 하는 말이에요.

비슷한 속담: 입이 광주리만 해도 말 못 한다, 온몸이 입이라도 말 못 하겠다

자는 벌집 건드린다

잠잠한 벌집을 공연히 건드리면 벌떼들이 몰려들어 무섭게 쏘아 대겠지요? 이처럼 가만히 있는 것을 섣불리 건드려서 큰 화를 부른다는 말이에요.
비슷한 속담: 자는 범 코침 주기

자다가 봉창 두드린다

본래의 일과 전혀 상관없는 엉뚱한 이야기를 불쑥 꺼낼 때 쓰는 말이에요. 일의 앞뒤 상황을 제대로 파악하지 못했을 때 흔히 일어나는 일이지요.

자라 보고 놀란 가슴 솥뚜껑 보고 놀란다

무엇에 한 번 크게 혼난 적이 있는 사람이 그것과 비슷한 것만 보아도 깜짝 놀란다는 뜻이에요. 자라의 등딱지가 솥뚜껑과 비슷하게 생긴 데서 나온 말이지요.
비슷한 속담: 뜨거운 물에 덴 놈 숭늉 보고도 놀란다

자빠져도 코가 깨진다

일이 잘 안 풀리는 사람은 뒤로 자빠져도 앞에 있는 코가 깨지는 것처럼 일이 안 되려면 하는 일마다 잘 안 풀리고 뜻밖의 불행도 생긴다는 뜻이에요.

작은 고추가 더 맵다

몸집이 작은 사람이 큰 사람보다 더 단단하고 재주도 뛰어나다는 말이에요. 그러니 키가 작아서 고민하는 사람도 너무 속상해하지만 말고 자신의 장점을 찾아서 잘 살려 보도록 하세요.

비슷한 속담: 작아도 후추알

잘 나가다 삼천포로 빠진다

일이 정상적으로 잘 진행되다가 갑자기 엉뚱한 방향으로 틀어진다는 뜻이에요. 또는 이야기를 나누던 중 처음의 주제와 전혀 상관없는 방향으로 흘러간다는 의미예요.

잘되면 제 탓(복) 못 되면 조상(남) 탓

자신이 실패한 일의 책임을 남에게 돌리고 원망한다는 말이에요. 또는 일이 잘되면 자기가 잘나서 그렇다 하고, 실패하면 남을 탓한다는 뜻이지요.

비슷한 속담: 못살면 터 탓

장미꽃에는 가시가 있다

화려하고 아름다운 장미꽃에 날카로운 가시가 있는 것처럼 사람 또한 겉으로는 좋고 훌륭해 보여도 남을 해롭게 할 수 있는 것들을 가지고 있어 상대가 해를 입을 수 있다는 뜻이에요.

재주는 곰이 넘고 돈은 되놈(주인)이 받는다

힘들여 일하는 사람은 따로 있고, 그 일에 대한 이득은 다른 사람이 얻는 경우를 말해요.

비슷한 속담: 먹기는 파발(발장)이 먹고 뛰기는 역마(파발마)가 된다

접시 물에 빠져 죽지

사람이 접시 물에 빠져 죽지는 않지만, 너무 가난해 어쩔 줄 모르고 답답해할 때 쓰는 말이에요. 또는 접시 물에 코를 박고 죽게 될 정도로 자신의 기막힌 처지에 비유해서 쓰는 말이지요.

제 꾀에 (제가) 넘어간다

남을 속이려고 속임수를 쓰다가 반대로 자기가 그 꾀에 속아 넘어간다는 뜻이에요.

비슷한 속담: 제 딴죽에 제가 넘어졌다

종로에서 뺨 맞고 한강에서 눈 흘긴다

자신의 속상하고 화난 마음을 아무 잘못도 없는 사람에게 드러낸다는 말이에요. 또는 기분 나쁜 일을 당하고 그 자리에서는 말 한 마디 못 하고 있다가 먼 곳에 가서야 화풀이를 한다는 뜻이지요.

비슷한 속담: 서울에서 매 맞고 시골에서 주먹질한다

주는 떡도 못 받아 먹는다

자기가 마땅히 받아야 할 복도 놓쳐 버리는 어리석음을 뜻하는 말이에요. 또는 골치 아픈 문제를 모두 도와주고 간단한 마무리만 맡겼는데 그것조차 제대로 해내지 못하는 한심한 경우를 가리켜요.

주머니 털어 먼지 안 나오는 사람 없다

누구나 결점을 찾으려고 하면 한 가지라도 허물이 없는 사람은 없다는 뜻이에요. 아무리 착한 사람이라도 말이지요.

주머닛돈이 쌈짓돈

'주머니에 든 돈이나 쌈지에 든 돈이나 다 한가지'라는 뜻으로, 그 돈이 그 돈이기 때문에 구별할 필요가 없을 때 하는 말이에요. 또는 한 가족의 것은 내 것 네 것 가릴 것 없이 그 가족 전체의 것이라는 뜻으로도 쓰여요.

죽 쑤어 개 좋은 일 하였다

애써 힘들게 한 일을 남한테 빼앗기거나 엉뚱한 사람이 그 덕을 보게 되었을 때 하는 말이에요.

중이 제 머리를 못 깎는다

자기가 자신에 대한 일을 좋게 해결하기는 어려워서 다른 사람의 손을 빌려야만 이루어지기 쉽다는 뜻이에요. 또는 자신의 허물은 자기가 알아차리기 어렵다는 뜻도 있어요.

비슷한 속담: 의사가 제 병 못 고친다

쥐구멍에도 볕 들 날 있다

오랫동안 고생만 하던 사람도 좋은 시기를 만날 때가 있다는 뜻이에요. 어둡고 좁은 쥐구멍은 고생스러운 환경을, 볕은 희망이나 기쁨을 의미해요.

지는 게 이기는 거다

싸우다가 먼저 그만두고 물러나는 사람이 당장은 싸움에 진 것처럼 보이지만 실제로는 이긴 것이나 다름없다는 말이에요. 시비를 가리기보다 너그럽게 이해하며 양보하는 것이 도덕적으로 이긴 것이라는 뜻이지요.

지렁이도 밟으면 꿈틀한다

아무리 못나고 약한 사람도 너무 심하게 업신여기면 화를 낸다는 뜻이에요. 잘났든 못났든 사람(생명)은 다 귀한 존재예요. 세상에 함부로 업신여겨도 될 사람은 없지요.

비슷한 속담: 굼벵이도 밟으면 꿈틀한다, 지나가는 달팽이도 밟으면 꿈틀한다

지성이면 감천

사람이 무슨 일을 하든 정성이 지극하면 모두 이룰 수 있다는 말이에요. 아무리 힘든 일도 끝까지 정성을 다하면 성공할 수 있으니 희망을 버리지 말라는 뜻이지요.

집 떠나면 고생이다

이러니저러니 해도 자기 집이 가장 좋다는 뜻으로, 집을 떠나 돌아다니면 아무리 대접을 받는다 해도 고생스럽고 불편하다는 말이에요.

집에서 새는 바가지는 들에 가도 샌다

본래 성품이 나쁜 사람은 어디 가나 그 본색을 드러내고 만다는 뜻이에요. 또는 집에서 하던 버릇을 집을 나서도 버리지 못한다는 말이지요.

짚신도 제짝이 있다

아무리 보잘것없는 사람이라도 제짝은 있다는 뜻으로, 누구에게나 천생 배필은 있게 마련이라는 말이지요.

찬물도 위아래가 있다

무엇이든 지켜야 할 순서가 있으니 그 순서를 따라서 해야 한다는 말이에요. 또는 어떤 일이든 어른이나 나이가 더 많은 사람을 먼저 대접해 줘야 한다는 뜻이에요.

참새가 방앗간을 그저 지나랴

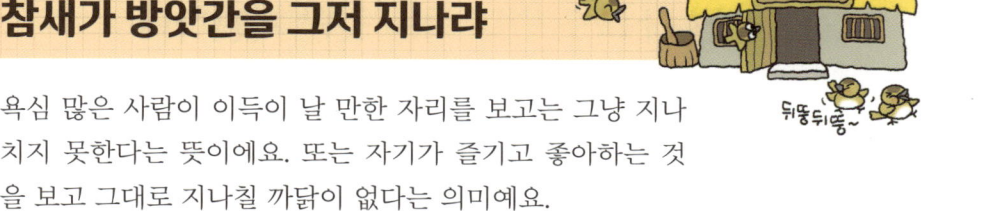

욕심 많은 사람이 이득이 날 만한 자리를 보고는 그냥 지나치지 못한다는 뜻이에요. 또는 자기가 즐기고 좋아하는 것을 보고 그대로 지나칠 까닭이 없다는 의미예요.

참을 인(忍) 자 셋이면 살인도 피한다

아무리 힘들고, 어렵고, 분한 일이 있더라도 꾹 참으면 해를 입지 않는다는 말이에요. 힘들고 분한 마음을 끝까지 참아 내려면 그만큼 마음의 수양이 필요하겠지요?

천 리 길도 한 걸음부터

아무리 크고 대단한 것이라도 처음에는 아주 작은 것에서부터 시작된다는 뜻으로, 시작이 중요함을 의미해요. 또는 어렵고 힘든 일도 욕심내지 않고 처음부터 차근차근 해 나가면 언젠가는 이룰 수 있다는 의미로도 쓰여요.

첫술에 배부르랴

무슨 일이든 자꾸 해야 만족할 수 있다는 말이에요. 처음부터 큰 욕심을 부리면 안 된다는 뜻이지요.

비슷한 속담: 한술 밥에 배부르랴

초가삼간 다 타도 빈대 죽는 것만 시원하다

큰 손해를 입었으면서도 자기 마음에 들지 않는 것이 없어져서 기뻐한다는 뜻으로, 엄청난 피해를 당하고도 자신이 원하던 작은 이익을 얻고 만족스러워한다는 의미예요.

비슷한 속담: 집이 타도 빈대 죽으니 좋다

친구 따라 강남 간다

자신은 어떤 일을 할 마음이 전혀 없으면서 남에게 이끌려 덩달아 하게 되는 경우를 말해요. 이런 사람을 가리켜 '줏대가 없다'고 하지요.

칼로 물 베기

다투었다가도 시간이 조금 지나면 곧 다시 사이가 좋아지는 경우를 이르는 말이에요. '부부 싸움은 칼로 물 베기'라는 말이 있지요.

콩 심은 데 콩 나고 팥 심은 데 팥 난다

세상 모든 일은 원인에 따라 결과가 생긴다는 말이에요. 또는 자신이 노력한 만큼 성과를 얻게 된다는 뜻도 있어요.

비슷한 속담: 배나무에 배 열리지 감 안 열린다

콩으로 메주를 쑨다 해도 곧이듣지 않는다

거짓말을 잘하는 사람은 아무리 사실대로 말해도 믿음이 가지 않는다는 뜻이에요. 또는 의심이 많아서 남의 말을 도무지 믿지 않는 경우를 가리키기도 해요.

비슷한 속담: 콩 가지고 두부 만든대도 곧이 안 듣는다

콩이야 팥이야 한다

콩의 싹이나 팥의 싹이나 거의 비슷한데도 그것을 구별한다고 서로 다투는 것처럼 대수롭지 않은 일을 가지고 서로 시비를 가리는 경우를 비유하는 말이에요. 또는 끼어들 때 안 끼어들 때를 분간하지 못하고 간섭하는 것을 비꼬는 말이에요.

타고난 재주 사람마다 하나씩은 있다

사람은 누구나 한 가지씩의 재주는 가지고 태어나서 그것으로 먹고 살아간다는 뜻이에요. 자신이 타고난 재주가 무엇인지 잘 생각해 보세요.

털도 안 뜯고 먹겠다 한다

너무 성급하게 행동하는 경우에 쓰는 말이에요. 사리를 돌아보지 않고 남의 것을 통으로 먹으려 한다는 말이지요.

티끌 모아 태산

아무리 작은 것이라도 조금씩 모으면 나중에는 큰 것이 될 수 있다는 말이에요. 적은 돈이라도 아끼고 모아서 통장에 차곡차곡 채워 나가다 보면 몇 년 후에 목돈이 되는 것처럼 말이지요.

비슷한 속담: 모래알도 모으면 산이 된다

팔십 노인도 세 살 먹은 아이한테 배울 것이 있다

아무리 어린아이가 하는 말이라도 일리가 있을 수 있으므로 소홀히 여기지 말고 귀담아들어야 한다는 뜻이에요. 어린아이의 생각이 때로는 어른보다 더 지혜로울 수도 있지요.

비슷한 속담: 세 살 먹은 아이 말도 귀담아들으랬다

팔이 안으로 굽지 밖으로 굽나

사람은 조금이라도 자기와 가까운 사람에게 마음이 쏠린다는 말이에요. 동생이 친구에게 괴롭힘을 당할 때 형이 무조건 나서서 동생 편을 드는 것이 이런 경우지요.

비슷한 속담: 손이 들이굽지 내굽나

팥으로 메주를 쑨대도 곧이듣는다

메주는 원래 콩으로 쑤는 것이지요. 그런데 팥으로 쑨다 해도 곧이듣는다는 것은 남의 말을 앞뒤 가리지 않고 잘 믿는 사람을 가리켜서 하는 말이에요. 이런 사람을 흔히 '귀가 얇다'고 하지요.

평안 감사도 저 싫으면 그만이다

아무리 좋은 일이라도 당사자가 마음에 들지 않으면 억지로 시킬 수 없다는 뜻이에요.

품 안의 자식

자식이 어릴 때는 부모의 말과 뜻에 따르지만 다 자라서는 제 마음대로 행동하려 하는 것을 뜻하는 말이에요.

비슷한 속담: 자식도 품 안에 들 때 내 자식이지

피는 물보다 진하다

혈육은 어떻게 해도 숨길 수가 없기 때문에 남보다 같은 집안 사람에게 마음이 끌리고, 문제가 생겼을 때도 그 사람 편을 들게 마련이라는 뜻이에요. 혈육의 정이 깊다는 의미지요.

핑계 없는 무덤이 없다

아무리 큰 잘못을 저지른 사람도 그것을 변명할 이유와 구실이 있다는 말이에요. 모든 일에는 잘못을 변명하고 이유를 붙일 핑곗거리가 있다는 뜻이지요.

하나를 보고 열을 안다

일부분만 보고 전체를 알 수 있다는 말이에요. 또는 하나를 보고 열을 알 만큼 영특한 경우를 말해요.

비슷한 속담: 하나를 알면 백을 안다

하나만 알고 둘은 모른다

사물이나 현상의 한 부분만 보고 두루 보지 못한다는 뜻으로, 도무지 융통성이 없고 꽉 막힌 사람을 이르는 말이에요.

비슷한 속담: 감출 줄은 모르고 훔칠 줄만 안다

하늘 보고 손가락질한다

상대도 되지 않는 사람이 무모하게 시비를 걸 때 하는 말이에요. 또는 어떤 일을 이루기 위해 노력하고 애쓰지만 그럴 만한 능력이 없어 공연한 짓만 함을 비유하는 말이지요.

비슷한 속담: 하늘에 돌 던지는 격, 하늘에 막대 겨루기

하늘은 스스로 돕는 자를 돕는다

하늘은 스스로 노력하는 사람을 도와 성공을 이루게 한다는 뜻으로, 어떤 일을 이루기 위해서는 무엇보다 노력이 중요하다는 것을 이르는 말이에요.

하늘의 별 따기

어떤 방법을 써도 하늘에 있는 별을 딸 수 없듯이 무엇을 얻거나 이루기가 매우 어려울 때 쓰는 말이에요.

하늘이 무너져도 솟아날 구멍이 있다

아무리 어려운 처지에 놓이더라도 이겨 내고 다시 일어날 수 있는 방법이 있다는 뜻이에요. 어려운 상황에서도 희망의 끈을 놓지 말라는 의미지요.

비슷한 속담: 죽을 수가 닥치면 살 수가 생긴다

하룻강아지 범 무서운 줄 모른다

자기보다 훨씬 강한 상대 앞에서 철없이 함부로 덤비는 경우를 이르는 말이에요. 자칫하다가는 큰 화를 입을 수 있으니 조심해야겠지요?

비슷한 속담: 자가사리 용을 건드린다

한 귀로 듣고 한 귀로 흘린다

말을 해도 금방 잊어버려 듣지 않는 것과 같다는 뜻으로, 남의 말을 귀담아 듣지 않는 무관심한 태도를 이르는 말이에요.

한 말 했다가 본전도 못 찾는다

말을 했다가 아무런 소득도 없이 핀잔만 듣고 무안한 경우에 쓰는 말이에요. 말을 할 때는 주변을 먼저 살피고 상황에 맞게 해야 이런 일이 없지요.

호랑이도 제 말 하면 온다

그 자리에 없는 사람이라고 해서 함부로
흉을 보면 안 된다는 뜻이에요. 또는 마침 이야기를 나누고 있던 사람이 그 자리에 나타났을 때를 가리키는 말이에요.

비슷한 속담: 범도 제 소리 하면 오고 사람도 제 말 하면 온다

호랑이 없는 골에 토끼가 왕 노릇 한다

뛰어난 사람이 없는 곳에서 보잘것없는 사람이 대장 노릇하는 것을 비유적으로 이르는 말이에요.

비슷한 속담: 범 없는 골에 토끼가 스승이라

호랑이에게 물려 가도 정신만 차리면 산다

아무리 위급한 일을 당하더라도 정신을 똑바로 차리고 거기에서 벗어날 길을 찾으면 방법이 있다는 뜻이에요. 어떤 경우에도 쉽게 포기해서는 안 된다는 의미가 담겨 있지요.

호랑이 잡고 볼기 맞는다

기껏 좋은 일을 하고도 비난을 받거나 화를 입게 된 경우를 비유적으로 이르는 말이에요.

호미로 막을 것을 가래로 막는다

작은 문제가 생겼을 때 처리하지 않고 내버려 두어 나중에 큰 손해를 보거나 큰 힘을 들이는 경우를 말해요. 문제가 커지기 전에 그때그때 해결하라는 뜻이지요.

비슷한 속담: 기와 한 장 아끼다가 대들보 썩힌다

호박에 말뚝 박기

심술궂고 잔혹한 행동이나 아주 하기 쉬운 일을 비유적으로 이르는 말이에요.

비슷한 속담: 호박에 침주기

호박이 넝쿨째로 굴러떨어졌다

뜻밖에 좋은 물건을 얻거나 큰 이득을 보았을 때 쓰는 말이에요. 또는 새로 들어온 사람이 많은 장점을 가지고 있어서 큰 도움이 되는 경우를 가리키기도 해요.

비슷한 속담: 아닌 밤중에 찰시루떡

혹 떼러 갔다 혹 붙여 온다

부담을 덜려고 갔다가 오히려 다른 일까지 맡아 해를 입게 된 경우를 일컫는 말이에요. 거추장스러운 혹을 떼러 갔는데 하나를 더 붙이는 꼴이 되었으니 답답하고 황당하겠지요?

흐르는 물은 썩지 않는다

고인 물은 썩고 흐르는 물은 썩지 않는 것처럼 사람은 언제나 일하고 공부하며 단련해야 발전하고, 그렇지 않으면 변질되거나 시대에 뒤떨어진다는 뜻이에요.

비슷한 속담: 구르는 돌은 이끼가 안 낀다

흰 것은 종이요 검은 것은 글씨라

무식해서 글을 알아보지 못함을 놀리는 말이에요.

엮은이 양재홍

경상북도 예천 출생.
추계예술대학교와 동국대학교 문화예술대학원에서 문예창작을 공부했다.
1994년 《문화일보》 하계 문예 공모를 통해 등단했으며, 제2회 눈높이아동문학상을 받았다.
지은 책에 <재주 많은 다섯 친구> <너도나도 숟갈 들고 어서 오너라> <다람쥐로 변신하기> 등이 있다.

어휘력·문해력·표현력을 키워 주는
고사성어·속담

2024년 10월 15일 초판 1쇄 발행

엮 은 이 양재홍
그 린 이 이우정
펴 낸 이 김병준
펴 낸 곳 (주)**지경사**
주 소 서울특별시 강남구 논현로 71길 12
전 화 02)557-6351(대표) 02)557-6352(팩스)
등 록 제10-98호(1978. 11. 12)

ⓒ(주)지경사, 2024 Printed in Korea.

편집 책임 한은선 | **디자인** 이수연
ISBN 978-89-319-3452-6 73700

＊잘못 만들어진 책은 구입하신 곳에서 바꾸어 드립니다.